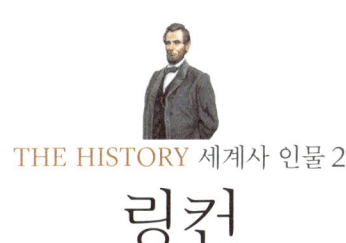

THE HISTORY 세계사 인물 2

링컨

THE HISTORY 세계사 인물 2
링컨
펴낸날 2024년 6월 21일 1판 1쇄
펴낸이 강진균
글 엄기원
그림 전상우
편집·디자인 편집부
마케팅 영업부
제작 강현배
펴낸곳 삼성당
주소 서울시 강남구 선릉로 747 삼성당빌딩 9층
대표 전화 (02)3443-2681 **팩스** (02)3443-2683
출판등록 1968년 10월 1일 제2-187호
ISBN 978-89-14-02176-2 (73990)

본 저작물은 저작권법에 따라 보호를 받는 책이므로 무단 전재와 무단 복제를 금합니다.
※ 파본은 바꾸어 드립니다.

THE HISTORY 세계사 인물 2
링컨

차례

가난했던 나날들……………………………… 11

책벌레 링컨 ……………………………… 35

정직한 링컨 ……………………………… 65

분열된 국회 ……………………………… 86

남북 전쟁 ························· 103

링컨의 생애 ························· 122

에이브러햄 링컨 ··················· 123

가난했던 나날들

그 무렵의 켄터키주는 아직 개척되지 않은 황무지였다.

미국 동부에서 새로운 삶을 찾아 옮겨 온 사람들은 땅을 일구어 가며 열심히 삶의 터전을 닦았다.

켄터키주에서도 미시시피강을 거슬러 올라간 하딘이란 산골 마을에 아기의 울음소리가 울려 퍼졌다.

그날은 1809년 2월 12일로 몹시 추운 날이었다.

"여보, 수고했소."

이 날 갓 태어난 새빨갛고 주름투성이의 사내아이가 훗

날 노예를 해방하고 민주주의 정치를 이룬 에이브러햄 링컨이다.

링컨이 태어난 집은 바닥에 판자가 깔려 있는 조그만 통나무집으로 아버지 토머스 링컨이 직접 지은 집이었다. 살림살이라고는 난로와 사냥한 짐승의 가죽으로 만든 침대가 전부였다.

이 통나무집에 아버지 토머스와 어머니 낸시, 그리고 두 살인 누나 세라와 갓 태어난 링컨이 살았다.

아버지 토머스 링컨은 목수로 일이 없을 때는 사냥도 하고 밭농사도 지었다. 그는 글을 배우지 못해 자기 이름도 제대로 쓰지 못하였으나 매우 부지런하고 정직한 사람이었다.

어머니 낸시 링컨 또한 글을 쓸 줄도 읽을 줄도 몰랐지만, 신앙심이 깊은 상냥한 여성이었다. 아버지와 어머니는 열심히 일을 했다.

그러나 링컨이 사는 마을은 땅이 메말라서 곡식이 잘 자라지 않았고, 또 목수일도 거의 없었다. 결국 링컨이 두 살

되던 해, 아버지는 식구들을 데리고 노브크리크로 가기로 결정했다.

온 가족은 포장마차*를 타고 그곳에서 조금 떨어진 노브크리크로 떠났다.

"통나무집, 안녕."

모두들 정든 집을 향해 손을 흔들었다. 노브크리크는 번화한 도시는 아니었지만, 새로운 땅을 개척하기 위해 이사 온 사람들로 북적거렸다.

"애들아, 우리가 살 곳은 땅이 기름져서 무엇이든지 잘 자란단다."

"링컨, 저기 좀 봐. 금빛 단추를 단 군인이야!"

산골 마을에서만 살아온 링컨과 세라에게는 모든 것이

포장마차

신대륙 발견 후 미국 개척 시절 사용되었던 마차. 말에게 끌게 하여 사람이나 짐을 실어 나르는 수레를 말한다. 마차는 바퀴의 수에 따라 이륜, 사륜마차가 있다. 그리고 말의 수에 따라 쌍두마차, 사두마차 등으로 나눠진다.

포장마차를 타고 새로운 땅을 찾아가는 개척자들

신기했다.

 링컨은 이 번화한 도시 노브크리크에서 어린 시절을 보냈다.

 어린 링컨에겐 장난감도 그림책도 없었다. 제일 즐거운 시간은 잠자리에 들기 전 어머니 낸시가 들려주는 성서 얘기를 들을 때였다.

 아버지 어머니는 아침부터 밤까지 쉴 새 없이 일을 하였다.

 여섯 살이 되자 링컨도 집안일을 도와야 했다. 소의 젖을 짜거나 나뭇가지나 돌을 주워 나르는 일을 했다.

 링컨의 가족은 누구 한 사람 놀고 있는 사람이 없었다.

 아버지 토머스가 밭을 갈면 어머니 낸시는 씨를 뿌리고, 누나 세라는 그 뒤를 따라가며 흙을 덮는 등 온 식구가 힘을 합해서 열심히 일했다.

 그러던 어느 날, 어머니 낸시는 아버지에게 말했다.

 "여보, 마을에 선생님이 왔다는군요. 우리 애들도 학교에 보내는 게 어떻겠어요."

"그럴 만한 여유가 어디 있소. 돈도 없을뿐더러 일손도 부족하고…….."

"그렇지만 글을 읽고 쓸 줄은 알아야지요."

어머니는 반대하는 아버지를 설득하여 아이들을 마을 학교에 보내게 되었다.

그리하여 링컨은 누나 세라와 함께 학교에 다니게 되었다. 링컨은 공부하는 것이 매우 즐거웠다. 그러나 일이 많으면 학교에 가지 못했다.

커다란 나무를 베고 풀을 뽑아낸 밭에 제때 씨를 심지 않으면, 가족은 겨우내 굶을 수밖에 없었다.

어느 날, 아버지가 어린 링컨에게 말했다.

"에이브, 오늘은 옥수수를 심어야 하니 함께 밭으로 나가자꾸나."

링컨은 옥수수 씨앗이 든 바구니를 작은 팔에 끼고서 아버지가 이랑을 만들어 놓은 밭에 씨앗을 뿌렸다. 일은 하루 종일 걸렸다.

"에이브, 수고가 많았다. 자, 저녁 먹으러 가자."

아버지가 링컨을 불러 말했을 때는, 어느덧 해가 서산 너머로 기울어 하늘에는 노을이 짙게 깔려 있었다.

"아버지, 제가 뿌린 옥수수 씨앗은 언제쯤 싹이 나죠?"

"곧 나올 게다. 여름이 되면 네 키보다 더 크게 자라게 될 걸. 그때 옥수수를 따는 일도 쉽지는 않단다."

"아버지, 걱정 마세요. 제가 도와드릴게요."

링컨은 집으로 돌아오는 길에 아버지와 정답게 이야기를 주고받았다.

그런데 며칠 후, 아침부터 큰비가 내렸다.

링컨네 밭은 산과 산 사이의 골짜기에 자리를 잡고 있어 조금만 비가 내려도 곧 냇물이 넘쳤다.

"밭은 괜찮을까요, 아버지?"

링컨은 걱정스러운 듯 아버지에게 물었다. 아버지는 말없이 창밖을 내다보았다.

그날 내린 비로 흘러넘친 냇물은 밭에 뿌린 씨앗을 깨끗이 씻어 가 버렸다. 실의에 빠진 아버지는 또다시 결심했다.

서부 개척 시대의 마차 행렬과 가축

'좀 더 살기 좋은 고장으로 이사하자.'

링컨이 일곱 살 때, 지금까지 가꾼 밭과 집을 팔고, 멀리 떨어진 인디애나주로 이사하게 되었다.

링컨의 가족은 또다시 이삿짐을 마차에 싣고 낯선 고장을 향해 길을 떠났다. 밤이 되면 강가나 산기슭에서 잠을 자며 고달픈 여행을 계속했다. 가도 가도 끝이 없는 숲을 지나기도 했다. 이렇게 한 달쯤 지난 어느 날, 아버지가 들뜬 목소리로 크게 외쳤다.

"바로 저기다! 저기가 우리들이 생활할 새로운 땅이야!"

작은 언덕 위로 군데군데 조그만 통나무집이 있는 작은

마을이 눈에 들어왔다. 숲이 우거진 이곳에서 사람들은 농사와 사냥으로 풍족한 생활을 하고 있었다.

링컨의 가족은 여행으로 몹시 지쳐 있었지만, 쉴 틈이 없었다. 모두들 온 힘을 다하여 통나무집을 짓기에 바빴다.

집의 모양새가 대강 갖추어지자, 아버지는 황무지를 일구어 밭을 만들기 시작했다. 밭을 넓히기 위해서는 숲의 나무를 잘라 내야 했다.

"아버지, 저도 도끼로 나무를 자를게요."

"링컨, 할 수 있겠니? 조심해야 한다."

"네, 알았어요."

"쾅, 쾅, 쾅!"

이렇게 아버지와 링컨이 나무를 잘라 내고 땅을 일구어서 겨우 밭을 만들었다.

그러자 한동안 미루었던 집 짓는 일로 바빠졌다. 날씨가 추워지기 시작하므로 따뜻하게 지내기 위해서는 좀 더 튼튼한 집이 필요했다.

그해 초겨울, 통나무집은 드디어 완성되었다.

통나무를 겹쳐 쌓은 것으로 지붕 밑에 기둥을 세우고 널빤지를 깔아 링컨의 방도 만들었다.

"조금 좁기는 하지만, 비바람을 막을 수 있으니까 우리에게는 궁전 같은 집이구나."

아버지는 흐뭇한 듯이 말했다. 내 집이 마련되었다는 것만으로도 마음이 한결 가벼워졌다.

링컨의 가족들은 새집에서 겨울을 따뜻하게 보냈다.

마침내 기다리던 봄이 왔다. 겨우내 추위에 떨었던 앙상한 나뭇가지에도, 들판에도 파란 새싹들이 하나둘 고개를 내밀기 시작했다.

아버지와 링컨은 지난해 일구어 놓았던 밭에 나가 흙을 고르고 정성들여 씨앗을 뿌렸다.

1817년 어느 날, 숙부네 가족이 이사를 왔다.

"에이브, 잘 있었니? 우리도 여기서 살려고 왔어."

사촌 형인 데니스가 마차에서 내리며 반갑게 인사했다.

숙부네 가족은 링컨의 이웃에 집을 지었다. 두 가족은 서로 도와가며 다정하게 지냈다.

그런데 행복한 두 가정에 슬픈 일이 생겼다.

1818년 여름이 끝나 갈 무렵이었다.

이 지방 일대에 밀크병이라는 무서운 병이 퍼졌다. 이 병은 독이 있는 풀을 먹은 소의 젖을 마시면 걸리는 병으로, 한 번 걸리면 고칠 수 없는 무서운 병이었다.

이 병으로 많은 사람들과 소들이 죽어 갔다.

얼마 전에 이사 온 숙부와 숙모도 이 병에 걸리게 되었다. 어머니 낸시가 정성스레 간호했으나 결국 세상을 떠나고 말았다. 그런데 이번에는 어머니 낸시가 자리에 눕게 되었다.

"아, 머리가 깨어질 것 같구나."

링컨과 함께 마당에서 장작을 쌓고 있던 어머니가 갑자기 주저앉으며 말했다.

링컨은 어머니의 이마에 손을 얹어 보았다. 이마가 불덩이처럼 뜨거웠다.

"어머니, 정신 차리세요."

링컨은 어머니를 침대에 눕히고 밭에 나가 있는 아버지

에게 알렸다.

"아버지! 어머니가 쓰러지셨어요."

아버지도 달려와 보시고 어쩔 줄을 몰라 했다.

"아니, 아무래도 밀크병에 걸린 것 같구나."

어머니는 아무런 치료도 받지 않은 채 누워 있었다. 의사도 멀리 떨어진 곳에 살고 있었을 뿐만 아니라 설령 의사를 불러온다고 해도 아무 소용이 없기 때문이다.

어머니의 병은 나날이 깊어졌고 몸은 수척해졌다.

"어머니, 기운을 차리세요."

링컨과 세라는 매일 어머니 곁에서 정성껏 간호를 했다.

며칠 후 어머니는 이들 남매를 조용히 불러 앉히고 힘없는 목소리로 말했다.

"세라야, 에이브야. 이제 너희들과 작별을 해야겠구나. 아버지 말씀 잘 듣고, 하느님 말씀에 따라서 바르고 정직하게 살아야 한다. 알았지?"

"어머니, 죽지 마세요. 죽으면 싫어요!"

"여보, 세라와 에이브를 잘 부탁해요."

매달리며 울부짖는 세라와 링컨을 남겨둔 채 어머니는 눈을 감았다.
 세라와 링컨은 어머니의 가슴에 얼굴을 묻고 흐느껴 울었다. 그들 남매의 슬픔은 그칠 줄 몰랐다.
 아버지는 양지바른 언덕 위에 어머니의 무덤을 만들었다. 링컨은 외로울 때면 어머니의 무덤을 찾아와 굳게 다짐했다.
 '어머니의 말씀을 가슴에 잘 새겨서 정직하고 착한 사람이 될 테다.'
 이때가 1818년으로 링컨의 나이 아홉 살이었다.
 어머니가 없는 집 안에서는 웃음소리를 찾아볼 수가 없었다. 쓸쓸하기 그지없는 살림을 세라가 어머니를 대신하여 꾸려 나갔다.
 서투른 솜씨로 음식을 만들고 빨래도 하였다. 그렇지만 아직 열한 살밖에 안 된 어린 소녀에겐 벅찬 일이었다.
 식사도 제대로 챙겨 먹지 못해 몸은 여위어 갔고 옷도 누더기와 같이 되었다. 집안일도 점점 엉망이 되어 갔다.

아버지는 밭일이 끝나고 집에 돌아와서도 난롯가에 앉아 타오르는 불길만 응시한 채 아무 말도 없이 깊은 생각에 잠기곤 했다.

낸시가 죽은 지 꼭 1년째 되는 날이었다.

더 이상 외로움을 참을 수 없었던 아버지는 집을 나가 돌아오지 않았다.

아버지가 없는 통나무집에서 어린 남매는 전보다 더 외롭게 지냈다. 어두운 밤이 되면 너무나 무서워 두 남매는 꼭 껴안고 잠을 잤다.

그러나 세라와 링컨은 꿋꿋하게 버티어 나갔다.

그렇게 보름쯤 지난 어느 날 저녁 무렵이었다. 멀리서 마차가 달려오는 소리가 들렸다.

혹시나 하고 쳐다보았던 세라와 링컨은 깜짝 놀랐다.

"야, 아버지다. 아버지가 돌아왔어!"

링컨과 세라는 밖으로 달려 나갔다.

"아버지!"

두 오누이는 아버지의 마차를 향해 달려나갔다. 그런데

아버지는 혼자가 아니었다.

　아버지의 뒤에는 낯선 여인이 얼굴에 환한 미소를 띠고 서 있었다.

　"에이브야, 이분이 너희들을 돌봐 줄 새어머니시다. 인사드려라."

　여인은 아주 우아하였으며 교양도 있어 보였다.

　"안녕하세요? 에이브라고 합니다."

　그 여인은 링컨과 세라의 볼에 정답게 입을 맞추었다.

　"에이브라고? 정말 영리하게 생겼구나. 사라라고 한단다. 우리 잘 지내보자."

　새어머니는 이렇게 말하고 링컨의 머리를 쓰다듬어 주었다. 그리고 새어머니는 데려온 아이들을 소개했다.

　"여기 있는 애들은 너희들의 새 형제들이다. 이 남자아이가 존이고 다음이 엘리자베스와 마틸다야. 싸우지 말고 서로들 사이좋게 지내거라. 알았지?"

　"자 에이브, 나를 집 안으로 안내해 주지 않겠니? 오늘 저녁에는 아주 맛있는 요리를 만들어서 먹도록 하자꾸나."

새어머니는 링컨과 세라의 손을 잡고 집 안으로 들어갔다.

새어머니는 아버지가 어머니 낸시와 결혼하기 전에 청혼했던 여인이었다. 그녀는 남편과 사별하고 세 아이를 데리고 켄터키주에 살고 있었다.

이를 안 아버지는 그녀를 새 부인으로 삼기 위해 켄터키까지 청혼하러 갔던 것이다.

이 청혼을 받아들여 새어머니 사라는 세 아이를 데리고 링컨의 아버지한테로 다시 시집을 온 것이었다.

새어머니는 성격이 명랑하고 상냥한 분이었다. 또한 깔끔하고 부지런한 분이어서 금세 집안이 산뜻하게 꾸며졌다.

"어머! 에이브, 그런 바지를 입고 있었구나!"

다 헤진 바지를 입은 링컨을 본 사라는 2, 3일 뒤 새 바지를 만들어 입혔다. 링컨의 바지는 너덜너덜 떨어져 살이 다 나와 있었던 것이다.

새어머니가 온 뒤로 집안은 예전처럼 생기가 넘쳐 흘렀다. 링컨과 세라도 전처럼 기운을 되찾고 명랑해졌다. 새로 형제가 된 엘리자베스, 마틸다, 그리고 존과도 곧 친해져서

이 통나무집에서는 참으로 오랜만에 밝은 웃음소리가 집 밖으로 새어 나왔다.

새어머니가 가지고 온 짐 속에는 몇 권의 책이 들어 있었다. 링컨은 책들을 펼쳐 읽어 보았다. 그러나 모르는 글자가 많아 제대로 내용을 알 수 없었다.

"이 책을 한 번 읽어 보았으면……."

링컨이 책을 어루만지며 말하였다. 이런 링컨의 모습을 지켜본 새어머니는 감탄하며 말했다.

"에이브야, 너 공부가 하고 싶은 모양이구나. 얼마 전에 이 아랫마을에 학교가 새로 생겼는데, 농번기가 지나면 학교에 보내 주마."

"하지만 아버지가 허락하시지 않을 텐데요."

"그건 걱정하지 마라. 내가 아버지께 잘 말씀드려서 꼭 허락을 받아낼 테니까."

그날 밤, 어머니는 아버지에게 링컨을 학교에 보내자고 얘기했다. 처음엔 아버지도 반대했다.

"밭일이 태산같이 밀려 있는데 에이브가 공부할 시간이

어딨소?"

"밭일이 바쁠 때는 학교를 쉬게 하면 되잖아요. 지금 배우지 않으면 영원히 기회는 오지 않아요."

어머니의 간곡한 말에 링컨을 학교에 보내도록 허락하였다. 다음 날 어머니는 링컨을 불렀다.

"에이브, 아버지께서 학교에 가도록 허락하셨단다."

"정말요? 그럼, 정말 학교에 보내 주시는 거죠?"

링컨은 펄쩍 뛰며 기뻐하였다. 이리하여 링컨은 6킬로미터나 떨어져 있는 아랫마을의 학교에 다니게 되었다. 학교라고 하지만 교실이 한 칸뿐인 보잘것없는 통나무집이었다.

또 선생님 한 분이 나이가 어린 애나 나이가 많은 아이 모두 같은 반에서 함께 가르치는 조그만 학교였다.

그래도 링컨은 공부를 할 수 있게 된 것이 무엇보다 기뻤다.

교실은 항상 아이들의 떠드는 소리로 시끄러웠지만, 링컨은 정신을 바짝 차리고 눈을 반짝이면서 선생님의 말씀에 귀를 기울였다.

링컨은 영리해서 한 번 배운 것은 절대 잊어버리지 않았다. 집에 와서도 틈만 나면 책을 읽고 공부를 하였다. 그런 링컨의 열성적인 모습에 선생님도 더욱 많은 것을 가르쳐 주시려고 하였다.

그러나 그런 학교생활도 오래가지 못했다. 일 년쯤 지난 어느 날, 아버지가 말씀하셨다.

"에이브야, 지금 아버지와 어머니만으로는 도저히 밭일을 다 해낼 수가 없구나. 너도 학교를 그만두고 농사일을 도와야겠다."

링컨은 안타까웠지만 어쩔 수가 없었다.

링컨은 열 살 때부터 학교에 다니기 시작해서 열일곱 살까지 세 군데의 학교에 다녔다.

그런데도 농사일이 바쁠 때나 이사를 할 때에는 결석하거나 학교를 그만두어야 했기 때문에 학교에 다닌 기간은 모두 합쳐도 1년이 채 못 되었다.

글을 읽을 줄 알게 된 링컨은 비록 학교는 그만두게 되었지만, 틈만 나면 새어머니가 가져온 책들을 열심히 읽었다. 처음에는 그러한 링컨을 아버지는 탐탁하게 여기지 않았다.

　책을 읽는 따위는 게으른 사람들이나 하는 짓이라고 생각하였다. 어머니는 그러한 아버지에게 글을 읽고 쓰는 일이 얼마나 귀중한가에 관해서 이야기했다.

　나중에는 아버지도 링컨이 공부하는 것을 격려해 주었다.

　그러나 책을 읽는다 하더라도 워낙 가난했기 때문에 읽고 싶은 책을 사서 볼 수는 없었다. 그래서 마을 사람들이 가지고 있는 책을 빌려 와서 닥치는 대로 읽었다.

　링컨은 이 무렵《성서》,《이솝 이야기》,《로빈슨 크루소》등 많은 책을 읽었다. 가까운 마을 사람들의 책을 모두 빌려 읽은 뒤에는 멀리 있는 마을까지 가서 새로운 책을 빌려다 읽었다.

역사 속으로

켄터키주

미국 중남부 지방 동부의 한 주. 북쪽으로 오하이오강을 사이에 두고 오하이오, 인디애나, 일리노이주와 경계를 이루며 동쪽으로 웨스트버지니아주, 남쪽으로 테네시주, 서쪽으로 미주리주와 경계를 이루고 있는 내륙 주이다.

주도(주의 수도)는 프랭크퍼트이며, 대체로 동쪽이 높은 지형으로, 애팔래치아산맥의 서쪽 기슭과 블루그래스 잔디로 덮인 초원이 넓게 펼쳐져 있다.

원시 또는 선사 시대에 농경과 사냥을 했던 원주민들의 흙무덤을 비롯한 여러 유적이 있다. 이 지역은 미국 독립이 이루어지기 수백 년 전에도 인디언 부족들이 사냥하며 살던 곳으로, 그들 사이의 분쟁도 끊이지 않았다.

독립 당시에는 버지니아 관할 구역이었지만 1792년 15번째 주로 승격했으며 그 뒤 지속적인 이민이 이루어졌다.

잎담배를 비롯하여 각종 과일과 옥수수, 콩, 밀 등 농작물을 재배하는 농업이 주요 산업이며 낙농업도 활발하다.

매머드 동굴 국립 공원과 역사 유적지가 많으며, 에이브러햄

링컨이 태어난 것으로 알려진 '통나무집'은 사적지로 지정되어 있다.

서부 개척 시대

독립 이후 미국은 동부 13개 주에서 시작하여 점차 서쪽으로 진출하면서 발전했다. 이러한 서쪽으로의 진출을 서부 개척이라고 불렀으며, 진출한 직후의 새로운 땅을 변경(나라의 경계가 되는 변두리의 땅)이라는 뜻의 '프런티어'라고 이름 붙였다.

초기에는 애팔래치아산맥 지대로부터 미시시피강 유역을 거쳐 대평원(그레이트 플레인) 지역으로 통하는 서쪽으로 이동하였다.

이때는 농업을 해 나갈 땅과 정착지를 찾는 게 주목표였지만 교통 운수 수단의 발달에 힘입어 텍사스를 병합하는 등 급속도로 확대되어 19세기 중엽에 미국의 영토는 태평양 연안 지역에까지 이르게 되었다. 그 무렵 캘리포니아에서 금광이 발견되어 골드러시가 일어나자, 미국 서부를 비롯한 각지에서 금을 찾고자 하는 사람들이 구름처럼 몰려들었다. 그리고 태평양 연안을

링컨이 켄터키주에 살았던 시절의 통나무집

거점으로 하여 동쪽으로 이동하는 프런티어도 나타났다.

 프런티어 정신은 당시 낯선 대자연에 맞서 새로운 땅과 미래를 개척했던 진취적인 국민성을 말하며, 이는 미국 사회의 개인주의, 합리주의 등으로 이어졌다. 이와 같이 서부 개척은 19세기 아메리카 대륙에서 늘어나는 이주민들의 미개척 지역으로의 이동과 영토 확장을 의미했다. 한편 서부 개척의 역사는 아메리카 원주민에 대한 학대와 살육의 역사이기도 했다.

책벌레 링컨

　얼마 후, 링컨은 마을에서 가장 큰 가게에서 점원으로 일하게 되었다.
　링컨은 가게에서 일하는 것이 마음에 들었다. 손님이 없을 때는 얼마든지 책을 읽을 수 있었기 때문이다.
　그뿐만 아니라 손님 중에는 공부를 많이 한 사람도 더러 있어서, 그들로부터 여러 가지 책을 빌려 볼 수도 있었다.
　책을 읽다 보니 미국의 역사와 법률에 관해 관심을 가지기 시작했다. 그러자 링컨은 지금 미국에서는 과연 어떤 일이 일어나고 있는지 무척 궁금했다. 그래서 링컨은 가게로 배달되는 여러 신문들도 열심히 읽었다.

그러던 어느 날이었다. 가게에 물건을 사러 왔던 손님이 깜빡 잊고 가져왔던 책을 놓고 갔다. 링컨은 책을 손님에게 돌려 주기 위해 집어 든 순간 깜짝 놀라 엉겁결에 소리쳤다.

"앗, 워싱턴 전기다!"

그는 재빨리 문을 열고 저만큼 가고 있는 손님을 향해 뛰어나갔다.

"크리포드 아저씨, 책 가지고 가셔야죠."

"참, 내가 깜빡했군. 에이브야, 고맙구나."

"아저씨, 이 책 좀 빌려주시지 않겠습니까?"

"허어, 에이브가 이런 어려운 책도 읽을 줄 아는가? 읽을 줄 알면 가져가 읽으렴."

크리포드 아저씨는 선뜻 그 책을 빌려주었다.

링컨은 그날 밤늦게까지 책을 읽다가 책을 벽의 통나무 틈에 끼워 놓고 잠이 들었다.

그런데 새벽녘에 갑자기 소나기가 내리는 바람에 책이

비에 젖어 버리고 말았다.

'할 수 없지. 크리포드 아저씨께 사실대로 말씀드리고 용서를 비는 수밖에…….'

링컨은 《워싱턴 전기》를 들고 책 주인을 찾아가 그 까닭을 이야기하고 용서를 빌었다.

"용서해 주십시오. 그만 제 실수로 책이 이렇게 되었으니 그 대가로 사흘 동안 아저씨네 농사일을 도와드리면 안 될까요?"

그날부터 링컨은 책 주인인 크리포드 씨 집의 밭일이며 풀베기 일 따위를 거들어 주었다.

링컨의 성실한 태도에 크리포드 씨는 감동하였다. 그래서 《워싱턴 전기》를 다시 링컨에게 돌려주었다.

"아! 내 책이 생겼어."

링컨은 책을 소중히 품에 안고 집에 돌아와 몇 번이고 《워싱턴 전기》를 되풀이해 읽었다. 그리고 미국 독립에 관하여 공부했다.

이처럼 링컨은 여러 지식을 자기 스스로 얻었다. 물론 책에서만 배운 것은 아니었다. 자연이나 사회로부터도 많은 것을 배웠다.

링컨은 사람들이 모이는 곳을 찾아가서 자신의 생각을 말하거나 토론하기를 매우 좋아했다.

그뿐만 아니라 사람들 앞에서 능숙하고 재미있게 말할 수 있었으며, 바로 이러한 여러 사람들과의 이야기 속에서 많은 것을 배울 수 있었다.

집안 살림을 돕기 위해서 링컨은 무슨 일이든지 닥치는 대로 해야만 했다. 때로는 농장에서 감자 캐는 일도 하였고, 새로 들어온 개척자들의 통나무집 짓는 일을 돕기도 하였다.

열일곱 살의 링컨은 체격이 어른과 다름없었다. 힘도 아

증기선

증기 기관을 동력으로 하여 항해하는 배. 19세기 초에 미국의 풀턴이 증기 기관을 이용, 최초로 실용화하였다. 증기선 또는 기선이라고 불렀다. 이후 기계의 힘으로 움직이는 배를 통틀어 기선이라 일컫는다.

19세기 승객과 화물을 운반하던 증기선

주 센 편이었고, 일 또한 누구에게도 지지 않았다.

그러나 링컨이 제일 좋아하는 것은 역시 책을 읽는 것이었다. 집안일을 하다가도, 잠시 쉬는 틈만 생기면 주머니에서 책을 꺼내 읽었다.

"링컨은 책에 미친 사람 같아."

모두 이렇게 수군거렸다. 열여덟 살이 되었을 무렵에는 오하이오강의 나룻배 사공일을 하게 되었다.

오하이오 강은 인디애나주와 켄터키주 사이로 흐르는 상당히 큰 강이었다.

이 강의 한가운데를 증기 기선이 다니는데, 증기선은 너무나 커서 강기슭까지 댈 수가 없었다.

그래서 손님이나 짐들을 조그마한 나룻배로 그 증기선이 멈춰 있는 데까지 실어다 주어야 했다.

링컨이 하는 일이 바로 그 일이었다. 그는 그 자신이 만든 나룻배로 손님이나 짐을 증기선이 있는 데까지 태워다 주고 손님들로부터 뱃삯을 받았다.

그러던 어느 날이었다.

헐레벌떡 달려온 두 사람의 나그네가 강 한가운데 정박하고 있는 기선을 가리키며 말했다.

"저 배까지 실어다 주시오."

"네, 그러죠."

　　두 사람은 급히 링컨의 작은 배에 올라탔다.

"저 배가 떠나기 전에 닿을 수 있겠소?"

　　손님 중의 한 사람이 초조해하면서 물었다.

　　링컨은 대답하지 않았다. 말없이 이를 악물고 힘껏 노를 저어 갔다. 뱃고동 소리가 울리자 링컨의 노를 젓는 속도가 더욱 빨라졌다. 그의 이마에는 구슬땀이 맺혔다.

"아, 됐다."

　　링컨은 증기선 옆으로 바짝 배를 붙였다.

"고맙소, 이건 뱃삯이오."

　　배를 탄 두 나그네는 링컨에게 1달러의 돈을 던져 주었다.

"손님, 거스름돈이 없는데요."

　　링컨은 배를 탄 두 사람에게 큰 소리로 말했다.

"괜찮소, 다 주는 거요."

"하지만 너무 많아요."

"이 배를 못 탔더라면 큰 손해를 볼 뻔했소. 그걸 생각하면 오히려 너무 싼 것 같구려."

이윽고 두 사람을 태운 증기선은 강물 위를 조용히 미끄러져 갔다.

훗날, 대통령이 된 링컨은 이때의 일을 회상하며 말했다.

"배를 좀 저은 정도로 1달러라는 돈을 받은 것은 가난했던 나에게는 꿈과 같은 일이었지요. 이때부터 나는 세상에 대해서 희망과 용기를 가지게 되었습니다."

이 일은 링컨에게 자신이 일해서 돈을 번다는 것이 얼마나 중요한 것인가를 가르쳐 주었다.

또 한 번은 이러한 일도 있었다.

링컨이 켄터키주 쪽을 건너다보니, 그쪽 기슭에서 사람들이 모여 한참 떠들고 있었다.

'무슨 일이 일어난 걸까?'

링컨은 지금까지 켄터키주 쪽은 한 번도 가 본 적이 없었지만, 그 기슭으로 배를 저어 갔다.

그곳에 배를 대자, 낯선 손님이 다가와 간청을 하였다.

"급한 볼일이 있어서 그러니 배를 좀 태워 주게."

바로 이때였다. 그곳 뱃사공이 배 위로 뛰어오르더니 덤벼들 기세로 말했다.

"이봐, 남의 구역에 와서 영업하면 어쩌자는 거야."

링컨은 깜짝 놀랐다.

"우리 켄터키주에서는 나룻배로 영업하려면 허가가 필요한데, 자네는 허가장이 있는가?"

그는 눈을 부라리며 물었다.

"나는 그런 허가가 필요하다는 것을 몰랐어."

"앞으로 우리 영업을 방해하였다가는 그냥 두지 않겠어. 알았지?"

그러자 링컨도 이에 맞서며 말했다.

"뭐라고? 너희들이야말로 내 영업을 방해하고 있는 거야."

"그럼 좋다. 법원으로 가자! 누가 옳은지 재판을 받으면 알 게 아냐?"

"좋아, 그래 가자!"

두 사람은 법원으로 갔다.

"판사님, 이 녀석은 오하이오강에서 허가도 받지 않고 나룻배 영업을 하고 있는 자입니다."

켄터키주의 뱃사공이 큰 소리로 판사에게 말했다.

"자네는 인디애나주 사람인가?"

판사는 링컨에게 물었다.

"네, 그렇습니다."

"그래? 인디애나주와 켄터키주와는 서로 법률이 다르다네. 인디애나주에서는 나룻배 영업을 하는데 허가가 필요 없을지 모르지만, 이곳 켄터키주에서는 허가가 없으면 나룻배 영업을 못 하게 되어 있네. 그런데 자네는 허가도 없이 영업을 했단 말이지?"

"네, 그렇지만 저는 전혀 몰랐습니다. 허가증은 이곳에서 저쪽 기슭으로 갈 때 필요하다고 들었습니다. 저는 이곳에서 영업한 적은 없으며, 언제나 오하이오강 한가운데까지만 손님을 모셔다드렸을 뿐입니다."

그러자 판사는 법률책을 한참 들여다보더니 입을 열었다.

"켄터키주에서 영업했다면 이곳 법률에 따라 처벌을 받아야 하지만, 인디애나주에서만 영업했다면 죄가 되지 않는다."

그 말을 들은 켄터키주의 뱃사공이 투덜거리며 밖으로 나갔다. 그러자 판사는 링컨을 조용히 불러 책을 한 권 주며 앞으로 법률 공부를 해 보라고 격려해 주었다.

링컨은 2년 동안 뱃사공 일을 계속하였다. 이젠 노 젓는 것도 익숙해져 빨리 저을 수가 있었으며, 또 돈도 상당히 모았다.

링컨은 어느덧 열아홉 살이 되었다. 그의 성실성은 온 마을에 퍼졌다.

"링컨 말인가? 그 애야 힘도 세고 일도 잘하며, 정직하니 믿음직스럽지 않겠나?"

어느 날, 이곳에서 큰 식료품상을 하고 있는 젠트리 씨가 찾아왔다.

"링컨, 뉴올리언스까지 짐을 날라다 주지 않겠나? 아들 엘렌 혼자 시키려고 했더니 미덥지가 않아서……."

"고맙습니다, 아저씨! 그러잖아도 오하이오강을 한 번 내려가 보고 싶었거든요."

"그래. 잘 부탁하네!"

그 무렵의 미국에는 아직 철도가 놓이지 않았다. 그래서 강이 철도 구실을 하고 있었다. 뉴올리언스 항구는 미시시피의 거대한 골짜기에서 생산되는 모든 농산물이 모여드는 가장 큰 시장이었다.

드디어 밀, 버터, 옷감들을 가득 싣고 배를 띄웠다. 오하이오강을 따라 내려가더니 미시시피강에 이르렀다.

바다처럼 넓은 미시시피강은 소리 없이 흐르고 있었다. 어느 쪽을 보아도 눈에 비치는 것은 맑은 하늘과 검푸른색을 띤 강물뿐이었다. 드넓게 펼쳐진 풍경은 지금까지 산이나 숲에서만 살아온 링컨에게는 전혀 새로운 모습이었다.

그런데 가장 걱정이 되는 것은 도둑에게 짐을 빼앗기지나 않을까 하는 것이었다. 밤에 배를 강가에 매어 두고 잠을 잘 때는 링컨과 엘렌이 교대로 망을 보았다.

그러던 어느 날 밤이었다.

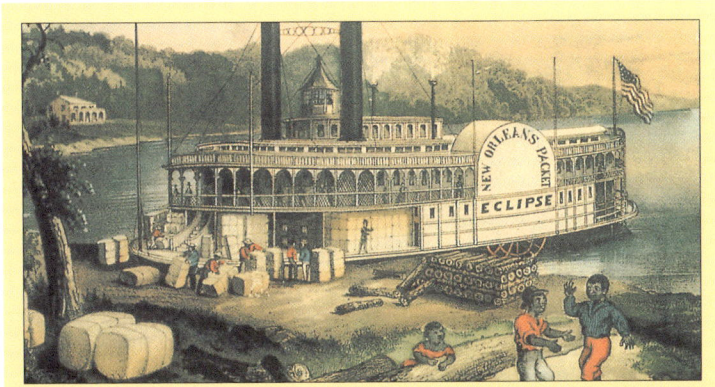
19세기 초, 미시시피강 주변에서 생산된 면화를 뉴올리언스로 가는 배에 실어 나르는 광경

 일곱 명의 흑인이 배에 올라와서는 싣고 온 물건들을 훔쳐 가려 했다. 흑인들의 얼굴은 험악했고 살기마저 서려 있었다. 링컨은 재빨리 장대를 잡아 휘둘러, 그중 몇 명을 강물에 밀어 넣었다. 나머지 흑인들은 숲속으로 도망을 쳤다. 엘렌과 링컨은 그들을 뒤쫓았지만 어찌나 빠른지 놓치고 말았다.
 그들이 배로 돌아왔을 때는 둘 다 피투성이가 되어 있었다. 링컨은 이때 얼굴에 상처를 입었는데, 이 상처 자국은 일생 동안 남아 있었다.

그러나 링컨은 이 일로 흑인들에 대해 나쁜 감정이나 원한을 갖지는 않았다.

두 사람은 그 사건 이후 무사히 뉴올리언스에 도착하여 싣고 온 짐들을 모두 팔았다.

"참 운이 좋게 모두 팔았구나!"

"그래, 우린 정말 멋지게 해낸 거야!"

링컨과 엘렌은 몹시 기뻤다. 두 사람은 잠깐 동안이었지만 시내 구경도 했다. 으리으리한 건물들이 줄지어 서 있고, 거리마다 멋진 옷을 입은 사람들이 거닐고 있었다.

링컨은 그때 비로소 책 속에서만 보았던 것을 직접 자기 눈으로 똑똑히 보았다. 그리고 세상을 알게 되었다.

두 사람은 바쁜 일정 때문에 시내를 전부 구경할 수는 없었다. 링컨과 엘렌은 서둘러 배를 타고 강을 거슬러서 집으로 돌아왔다.

화려한 도시의 모습에 채 흥분이 가라앉지 않은 링컨이 집에 돌아오자, 슬픈 일이 기다리고 있었다.

링컨을 끔찍이도 사랑해 주었던 누나 세라가 죽은 것이

다. 누나는 이웃 마을 사람과 결혼했었는데, 아이를 낳은 뒤 병에 걸려 스물두 살의 젊은 나이로 세상을 떠났던 것이다.

누나의 죽음은 앞서 돌아가신 어머니와 마찬가지로 링컨에게 말할 수 없는 슬픔을 안겨 주었다.

그리고 이 때 링컨의 가슴을 아프게 하는 또 하나의 일이 생겼다. 누나가 죽은 지 얼마 되지 않아, 링컨과 가장 친했던 친구의 머리가 갑자기 이상해진 것이다.

그 친구의 고함 소리는 밤과 낮을 가리지 않고 그의 귀 언저리에 울려 퍼졌다. 그 소리를 들을 때마다 링컨의 마음은 몹시 아팠다.

링컨은 그 우울한 기분을 씻어 내리려고 새벽부터 말에 올라 들판을 달리기도 했다.

링컨이 스물한 살 때, 일리노이주에 살고 있는 사촌인 행크스로부터 그리로 옮겨 오라는 소식이 왔다.

"이곳에서는 더 이상 살고 싶지 않다. 북쪽의 일리노이주에 가면 아주 넓은 초원이 있다고 하더라. 아무래도 그쪽으로 이사를 해야겠어."

아버지는 그렇게 결심을 하였다. 이곳저곳 계속해서 새로운 토지를 찾아 개척을 해 나가는 것이 아버지와 같은 개척자들의 생활이었다.

일리노이로 출발하기 전날, 링컨 가족은 다 함께 높은 언덕에 올라, 어렵고 힘든 생활이었지만 13년 동안이나 살았던 땅과 집을 바라보면서 작별을 아쉬워했다. 링컨에게 그 이별만큼 가슴 아픈 일은 없었다. 이 고장에는 소년 시절의 추억이 가득 차 있었기 때문이다.

이리하여 어머니와 누나가 잠든 비전크리크를 떠났다. 마틸다와 결혼한 데니스, 이웃으로 시집간 엘리자베스네 식구들도 모두 함께 떠나기로 하였다.

일리노이로의 이사도 쉬운 일은 아니었다.

산이나 들판은 눈으로 하얗게 덮여 있고, 강물은 꽁꽁 얼어붙어 있었다.

가족들은 서로를 격려하면서, 2주일 이상이나 걸려 일리노이주에 도착했다.

아버지는 비옥해 보이는 땅을 골라서 자리를 잡고, 그전처럼 통나무집을 지었다.

그곳은 지금까지 아무도 들어온 적이 없는 거친 땅이었다. 그런데다가 산짐승들이 들끓어 걸핏하면 소나 말 같은 가축을 잡아가곤 하였다. 그래서 집 부근뿐만 아니라 멀리 밭에까지 탄탄한 울타리를 쳐야 했다. 또 겨울철에는 눈이 많이 쌓여 거의 일을 할 수가 없었다.

결국 에이브 일행이 마지막에 정착한 곳은 콜즈였다.

그때 링컨은 스물한 살이 넘었다. 아버지에게서 독립할 수 있는 나이였다. 그러나 링컨은 기회를 봐 가며 몇 달 더 집에 머물면서 집안일을 도왔다.

'이제 독립해서 넓은 세상으로 나가자.'

링컨은 차츰 마음을 다지기 시작했다. 그리고 아버지와 어머니께도 말씀드렸다.

그러나 막상 세상으로 나가고자 하는 링컨에겐 돈도, 도와주는 사람도 없었다. 그저 있다는 것은 튼튼한 몸과 사람을 감동하게 하는 말솜씨와 거짓을 모르는 정직함, 그리고 한 번 마음먹으면 해내고야 마는 의지력이 있었다. 이 같은 링컨의 힘은 돈보다도 훨씬 더 중요한 것이었다.

링컨이 넓은 세상에 뛰어든 것은 1831년이었다.

일리노이주 스프링필드 거리에 오페트라는 장사꾼이 살고 있었다. 오페트는 남부 지방에서 많이 나는 목화*가 돈벌이가 좋다는 소문을 듣고, 장삿길에 오르기로 마음먹었다.

그러기 위해서는 물건을 실어 나를 배와 뱃사공이 필요했다. 오페트는 링컨의 사촌 행크스와 상의했다. 행크스는 링컨을 추천하고 자신도 함께 일하기로 했다.

오페트는 링컨을 만나 보고 마음에 들어 했다. 더군다나 링컨은 뱃사공 경험도 있어서 안성맞춤이었다.

목화

섬유 작물로 전 세계적으로 널리 재배된다. 목화는 연평균 15℃ 이상의 고온에서 잘 자라는데 일조량이 많아야 한다. 특히 열매를 맺는 시기에는 맑은 날이 계속되어야 하는데 미국 남부가 목화 재배의 적정지로 알려져 있다.

꽃이 활짝 핀 목화밭

링컨은 1개월에 12달러를 받고 일하기로 하였다. 그러나 문제는 배를 구할 수가 없었다.

  도저히 배를 구할 수 없음을 알고 링컨은 말했다.

  "제가 만들어 볼게요."

  링컨 일행은 즉시 배 만들기에 착수하였다. 한 달 정도 걸려서 바닥이 평평한 한 척의 큰 배가 만들어졌다. 그 밖에 통나무배도 한 척 더 만들었다.

  4월 초 어느 날, 링컨과 행크스, 이복동생 존, 이렇게 세 사람은 물건을 가득 싣고 출발하였다.

  배는 물줄기를 타고 세차게 흘러 내려갔다. 그런데 조금 내려가다 요란한 소리가 나더니 배가 멎고 말았다.

  "형, 왜 그러죠?"

  이복동생 존이 물었다.

  "글쎄, 뭔가에 걸린 것 같은데"

  세 사람은 배 앞머리로 달려갔다. 수차를 위하여 막아 놓은 댐에 걸린 것이었다.

  배가 기울어지면서 물이 새어들기 시작했다. 그러자 물

건들이 한쪽으로 쏠리기 시작하더니 더욱 기우뚱거리며 가라앉기 시작했다.

"빨리 손을 쓰지 않으면 가라앉겠는데요."

링컨은 침착하게 통나무배를 이용해 짐을 모두 강기슭으로 옮겨 놓았다. 그리고 배에 구멍을 뚫어 물을 빼내었다. 그러자 물속에 잠겼던 부분이 차츰 떠올랐다.

링컨은 배에서 물이 다 빠지자 재빠르게 구멍을 메우고 장대를 이용하여 댐에서 배를 밀어냈다.

링컨이 재치 있게 가라앉으려던 배를 다시 떠오르게 하자 한마디씩 하였다.

"역시 링컨의 솜씨는 대단해!"

링컨 일행은 배를 수리하고 짐을 옮겨 실은 뒤 서서히 미시시피강을 흘러 내려갔다.

수십 일 동안 계속 배를 저어 마침내 뉴올리언스 항구 가까이 다가갔다. 바로 그때, 존이 물었다.

"에이브 형, 저기 보이는 항구가 뉴올리언스지?"

"그래 맞아, 바로 뉴올리언스야."

항구의 부둣가에는 수많은 배들이 즐비하게 늘어서 있었다.

처음에는 조그마한 항구 도시에 불과했던 뉴올리언스도 지금은 남부 지방의 가장 큰 항구로서 번창하고 있었다.

항구에 도착하자 링컨 일행은 싣고 온 물건을 배에서 내린 다음 오페트가 지시한 대로 상인들에게 모두 팔았다.

"야, 이제야 겨우 한시름 놓겠구나!"

"에이브 형, 모처럼 왔는데 시내 구경이나 하고 가자."

"그래, 에이브. 그렇게 하자."

행크스도 옆에서 거들었다. 링컨 일행은 큰 거리로 나와 이곳저곳을 두리번거리며 천천히 걸어갔다.

길 양쪽에는 커다란 건물들이 우뚝 솟아 있고, 길가에는 무성한 가로수들이 시원한 그늘을 만들었으며, 수많은 사람들이 바삐 오가고 있었다.

그들 앞으로 흑인 마부가 모는 마차가 멋진 신사 한 사람을 태우고 지나가고 있었다.

링컨이 살고 있는 북부 지방에서는 흑인을 볼 수가 없었는데, 남부 지방으로 오니 자주 눈에 띄었다. 여기저기를 둘러보며 한참 걸어가는데, 그들 앞에 웬 사람들이 웅성거리고 있었다.

"무슨 일일까?"

가까이 다가가서 보니, 높게 만든 단 위에 흑인 남자와 손에 채찍을 든 백인 남자가 서 있었다. 그리고 건물의 벽을 따라 여러 명의 흑인이 죽 늘어서 있었다. 말로만 듣던 노예 시장이었다.

젊은이며 나이 든 사람, 그리고 여자도 섞여 있었다. 그들 발에는 모두 쇠고랑이 채워져 있었다.

"아프리카에서 방금 도착한 건강한 흑인입니다. 얼마 주시겠습니까?"

단 위의 백인 남자가 그곳에 모인 사람들에게 외쳤다.

"600달러 내겠소."

"600달러, 더 낼 사람은 없습니까? 아주 튼튼하고 힘도 셉니다."

이렇게 말하면서 백인 남자는 채찍으로 흑인의 등을 철

썩 후려쳤다. 링컨은 깜짝 놀랐다. 그러나 주위에 있는 사람들은 아무렇지도 않은 표정이었다.

"700달러."

어디선가 외치는 소리가 들렸다.

"700달러 이상 내실 분 안 계십니까?"

"800달러."

"800달러, 더 내실 분 없습니까? 좋습니다."

이렇게 해서, 그 흑인은 800달러에 팔려 가게 되었다. 흑인 노예*는 소처럼 밧줄에 묶여 끌려갔다.

링컨의 가슴 속에서 울컥 분노가 치밀어올랐다.

그때 뒤에서 요란한 울음소리가 들렸다. 돌아다보니 한 여자 노예가 울부짖으며 몸부림치고 있었다.

노예

미국에 노예들이 상륙한 때는 1619년, 20명의 흑인 노예가 네덜란드 선박에 의해 버지니아로 실려 오면서이다. 북부에서는 가사 노동자나 소규모 농원의 노동자로, 남부에서는 담배나 면화 생산을 위주로 한 대량의 노동력 확보로 인해 흑인 노예를 필요로 했다.

노예를 사고파는 노예 시장

그러자 농장 주인인 듯한 사나이가 여자 노예를 붙들어 끌고 가며 외쳤다.

"안 돼, 빨리 가자! 어린 녀석은 필요 없어. 저렇게 어린 것은 방해만 된단 말이야."

"엄마, 엄마. 가면 안 돼요. 아저씨, 나도 같이 데려가 주세요."

대여섯 살 난 사내아이는 울면서, 끌려가는 여자 노예에게 매달렸다.

"에잇, 저리 가지 못해!"

사나이는 아이를 발길로 걷어찼다. 아이는 땅바닥에 넘어진 채 울어 댔다. 여자 노예는 아이를 뒤돌아보며 울부짖었다.

다른 노예들도 어쩔 수 없다는 듯이 눈물 어린 눈으로 바라보고만 있었다. 링컨은 더 이상 보고 있을 수가 없었다.

"존, 돌아가자."

링컨은 힘없이 발걸음을 내디뎠다. 그의 머릿속은 조금 전에 본 비참한 노예의 모습으로 가득 차 있었다.

'똑같은 사람인데 사람이 사람을 팔고 사다니. 단지 피부색이 검다는 이유만으로…….'

그는 흑인 노예들이 불쌍해서 견딜 수가 없었다. 그러나 지금의 링컨에게는 아무것도 해 줄 힘이 없었다.

이윽고 북으로 돌아가야 할 때가 왔다. 링컨 일행은 배를 타고 일리노이주를 향해 나아갔다.

뉴올리언스에서의 한 달 남짓한 생활은 링컨에게 여러 가지 세상일을 가르쳐 주었다. 특히 흑인 노예의 가련한 모습은 지워 버릴 수 없는 크나큰 마음의 상처가 되었다.

역사 속으로

미국의 독립과 조지 워싱턴

콜럼버스의 신대륙 발견 후 아메리카 대륙에는 영국의 청교도들을 중심으로 한 이주민의 수가 점점 늘어나 18세기 초에는 13개의 주가 형성되었다. 이들은 영국에서 종교·정치 탄압을 피해 왔기 때문에 자립정신이 강했고, 새로운 사회를 건설하려는 열의가 넘쳤다.

신대륙에 정착한 식민지인들이 상공업에 힘쓰며 의회를 만들고 안정된 자치 사회를 일구어 나가자, 영국의 간섭이 심해지기 시작했다.

1765년 영국은 식민지에서 발행되는 모든 신문과 공문서 등 인쇄물에 영국 국내와 마찬가지로 정부가 판매하는 인지를 사서 붙일 것을 강요했다. 신대륙 사람들은 거세게 반발하여 영국 상품에 대한 불매, 불수입 운동을 벌였다.

또 1773년에는 영국의 동인도 회사가 신대륙에서 차를 자유로이 판매할 권리를 가질 수 있도록 했다. 그러자 차의 하역 작업이 벌어질 예정이던 보스턴에서 신대륙의 상인들과 시민들의 반대 집회가 열렸고, 흥분한 시민들은 하역 중이던 차 상자를 바다에 던져 버렸다. 이를 '보스턴 차 사건'이라 한다.

이렇게 본국에 대한 대립과 불만, 저항 운동이 결정적 계기가

되어 식민지 대표들은 대륙 회의를 구성하여 독립 혁명의 기치를 들게 되었다.

1차 회의는 1774년에 열렸고, 이듬해 콩코드 렉싱턴 무력 항쟁이 벌어졌다. 그해 5월 2차 대륙 회의에서 식민지 자치 회복을 위한 식민지군을 조직하고 총사령관으로 조지 워싱턴을 선출했다.

그들은 영국 국왕에게 '평화의 청원'을 보내고 기다렸지만, 본국의 태도가 변하지 않자, 1776년 7월 4일 제3차 대륙 회의를 열어 독립 선언서를 낭독했다.

노예 제도

노예란 인간으로서 기본적인 권리와 자유를 가지고 있지 않은 사람들, 또는 지배 계층과 피지배 계층으로 나뉜 사회에서 지배를 받는 계층을 말한다.

시대나 사회에 따라 조금씩 다르지만, 노예에 속하는 계층은 지배 계층이 소유하는 개인 재산이었으며, 매매가 가능한 물건 또는 말할 줄 아는 도구로 간주하였다. 하지만 고대 로마의 경우 교육을 받을 수 있었고, 자유를 획득할 권리나 재산까지 소유할 수 있었다. 미국 남북 전쟁 당시의 흑인 노예는 자유를 얻기가 아예 불가능하였다.

라틴 아메리카의 노예무역

 기원전 10세기 무렵, 서남아시아 방면에서 이동해 온 아리안족은 고대 인도를 침탈했다. 그들은 인도 원주민들을 정복한 다음 자신들 민족을 성직자와 왕족과 평민 계층으로 만들고 원주민들을 노예로 삼아 지배하였다. 아리안족이 만든 신분 제도는 그 뒤 인도 사회의 뿌리 깊은 카스트 제도가 되었으며 신분이 다른 사람들은 함께 어울리지도 못하는 매우 차별적인 사회가 형성되었다.
 우리나라의 경우 고조선 사회에 '팔조금법'에 의해 노예 신분에 해당하는 계층이 있었음을 알 수 있다.

정직한 링컨

링컨이 상품들을 모두 팔고 일리노이주로 돌아오자, 장사를 부탁했던 오페트는 아주 기뻐하였다.

"어때, 링컨? 이번에 나는 뉴세일럼으로 가서 큰 잡화 가게를 내려고 하네. 그래서 이곳 가게는 자네에게 맡기려고 하는데……."

"네? 저보고 이런 큰 가게를 맡으라고요?"

"자네라면 문제없이 해낼 거야."

이리하여 링컨은 이 가게의 지배인 노릇을 하게 되었다.

링컨은 이 가게를 맡은 뒤 더욱 열심히 일을 하였다. 그 동안 못했던 공부도 틈틈이 계속해 나갔다. 작은 마을이었으므로 그리 바쁘지 않았다.

　어느 날, 한 여자 손님이 어떤 물건을 사 갔는데 나중에 계산을 하다가 12센트 정도를 더 받은 것을 알게 되었다. 그날 밤, 링컨은 잡화상 문을 닫자마자 왕복 약 5킬로미터 거리에 있는 여자 손님의 집으로 달려갔다. 그러고는 정중하게 사과한 다음 돈을 돌려주었다.

　이 이야기가 알려지자 사람들은 모두 링컨을 칭찬했다.

　"링컨은 정말 정직한 청년이야. 링컨의 가게에 가면 속을 염려 없어."

　가게는 날로 번창해 갔다. 오페트 씨도 이 말을 듣고 크게 기뻐하였다.

　"내가 믿는 사람인데 어련하겠나! 이 마을에 이만한 청년은 없을 거요."

　또 한 번은 어느 손님이 마지막으로 홍차를 사 갔는데, 이튿날 아침 가게를 열 때 저울을 들여다보니 약간 덜 가

링컨이 뉴세일럼에서 운영했던 가게

져간 것이었다. 그것을 안 링컨은 그날도 가게 문을 닫자마자 나머지 홍차를 그 집에 가져다주었다.

이런 일이 있은 다음 마을 사람들은 한층 더 링컨을 신임하게 되었다.

그리고 그를 아는 모든 사람들은 칭찬을 아끼지 않았다. 이윽고 '정직한 링컨'이라는 말이 온 마을에 퍼졌다.

그러나 마을 청년들은 링컨에 대한 칭찬을 들을 때마다 몹시 못마땅해했다.

어느 날 마을 사람들이 모여서 링컨에 대해 얘기하고 있었다.

"링컨은 정직할 뿐 아니라 아는 것도 많단 말이야."

"그뿐인가? 아주 재미있는 청년이기도 하지."

"링컨은 참으로 훌륭해요. 힘으로 보나 용기로 보나 링컨과 같은 젊은이는 이 고장에 없을 거요."

그 고장의 불량배인 잭 암스트롱은 이 말을 듣자 화가 났다.

"흥, 웃기는군. 어디서 굴러온 시골뜨기가 온 마을 사람들을 헤집고 다녀?"

암스트롱은 링컨에게 싸움을 걸었다.

링컨은 처음엔 마음이 내키지 않았다. 그러나 비겁자라는 말을 들어서는 안 되겠다는 생각이 들어, 암스트롱과 힘을 겨뤄 보기로 했다.

다음 날 두 사람은 맞붙어 격렬하게 싸웠다. 싸움의 승패를 가름하기 힘들었다.

마침내 암스트롱이 비틀거리기 시작했다. 이 틈을 타서 링컨은 암스트롱을 땅바닥에 쓰러뜨렸다.

"야, 링컨이 이겼다."

그런 일이 있은 뒤부터 링컨은 마을 젊은이들의 지도자가 되었다. 그리고 암스트롱과도 사이가 좋아졌다.

그 무렵, 뉴세일럼은 시 의원 선거로 거리가 온통 술렁거렸다. 후보자들의 열띤 선거 운동으로 도시는 뜨거운 열기로 가득찼다.

드디어 선거일이 되었다. 글을 읽고 쓸 줄 알았던 링컨은 우연한 기회에 글을 모르는 사람들이 투표할 수 있도록 돕는 서기를 맡게 되었다.

선거일, 링컨은 뉴세일럼 학교의 교장 선생인 그레이엄 씨를 알게 되었다. 링컨이 투표소에서 일하는 모습을 본 그는, 링컨을 그 고장의 지식인들로 구성된 토론회 회원으로 추천했다.

링컨은 이 모임에서 지식인들을 만나, 더 다양한 지식을 쌓을 수가 있었다.

"링컨은 생각이 깊을 뿐만 아니라 학식도 풍부한 사람이야."

사람들은 이제 그를 존경하고 있었다.

1832년 7월, 일리노이주에서는 주 의회 선거가 있었다.
"링컨은 참으로 훌륭한 젊은이야. 이번 선거에 우리 모두 링컨을 내보내자."

마을 사람들은 에이브러햄 링컨에게 주 의회 의원으로 출마할 것을 권했다. 본래 링컨은 정치에 대해서 크나큰 야망을 품고 있었다.

언젠가는 정치가가 되어 나라를 위해 큰일을 하겠다고 마음먹기도 했던 것이다. 그리고 흑인 노예를 본 것도 하나의 동기가 되었다.

링컨은 며칠 동안 곰곰이 생각한 끝에 출마하기로 결심했다.

링컨은 일리노이주를 살기 좋은 고장으로 만들기 위하여 어떻게 하는 것이 좋은가를 연설했다. 또한, 스프링필드에서 발행되는 신문에 자기 생각을 실었다.

비록 보잘것없는 집안에서 태어났지만, 여러분의 참된 일꾼이 되려고 결심한 저에게, 여러분의 귀중한 한 표를 부탁드립니다.

링컨이 한창 선거 운동을 벌일 즈음, 뜻하지 않은 일이 일어났다.

'검은 매'라는 별명을 가진 인디언 추장이 갑자기 백인 마을을 습격해서 집을 불태우고 또 사람들을 죽였다.

일리노이주의 주지사는 의용군을 모집하여 이들을 막기로 했다. 링컨은 마을의 젊은이들과 함께 의용군으로 지원하였다.

여기에서 링컨은 자신의 용맹을 인정받아 의용군의 대장이 되었다.

그런데 군대 훈련을 한 번도 받아 본 일이 없는 링컨은 그 싸움을 잘 치러 낼 수가 없었다.

4개월 동안 적을 한 명도 죽이지 못하고, 오히려 잡은 인디언을 살려 보내고 돌아왔다.

돌아온 링컨은 할 일이 없었다. 그리고 출마했던 선거에서도 떨어졌다.

주 의원 선거에서 떨어진 링컨에게 잇달아 불행이 찾아왔다. 지난날 자신이 운영했던 오페트의 가게가 망하고 만 것이다.

가게가 망해서 실망한 것은 링컨뿐만 아니었다. 마을 사람들도 모두 안타깝게 생각하였다.

"링컨, 그 가게가 없어진 뒤론 불편하기 그지없어. 웬만하면 자네가 다시 한번 가게를 해 보지 그래?"

"자네라면 틀림없이 잘 해낼 걸세!"

링컨은 마을 사람들의 권유도 있고 하여 이곳에서 알게 된 벨리라고 하는 사람과 함께 잡화 가게를 열었다.

비록 가게는 조그마했지만, 모든 물건을 골고루 갖추었다.

"정직한 링컨의 가게는 값도 싸고 믿을 수가 있어."

마을 사람들은 모두 링컨의 가게에서 물건을 샀다. 가게는 날로 번창해 갔다.

그런데 그 무렵, 마을의 우체국장이 갑자기 세상을 떠났다.

그러자 마을 사람들은 링컨을 찾아와 우체국장직을 맡아

달라고 간청하였다.

"링컨 씨, 당신이 앞으로 우체국장이 되어 주십시오."

"네, 알겠습니다. 제가 한번 해 보겠습니다."

링컨은 기꺼이 그 일을 맡았다. 우체국이라고 해야 국장 혼자 모든 일을 맡아서 했다. 오가는 편지 접수는 물론 배달까지 직접 하였다.

마을 사람들로부터 부탁을 받고 하는 일이라 월급도 몇 푼 되지 않았다.

"링컨 씨가 국장이 된 뒤부터는 편지가 빨리 온단 말이야."

마을 사람들은 대단히 만족해했다.

그러나 링컨에게 또다시 큰 불행이 닥쳐왔다. 가게가 망해 버린 것이다.

링컨이 우체국 일을 하느라 가게를 자주 비우게 되자, 손님이 날로 줄어든 데다가 함께 동업하던 벨리가 게으름을 피웠다. 그리고 걸핏하면 상점의 돈으로 술을 사 먹고 낮잠만 자니 장사는커녕 빚만 늘어났다.

그러던 어느 날, 벨리가 병으로 갑자기 죽고 말았다. 링컨에게는 빚만 남게 되었다. 그는 빚을 갚기 위해 닥치는 대로 일을 했다. 그런데 어느 날, 한 친구가 찾아와서 충고를 해 주었다.

"측량 공부를 한번 해 보게. 날로 개척자가 늘어나니까 땅을 측량할 일은 많아졌는데, 측량 기사가 모자라서 벌이가 좋다고 하네."

링컨은 곧 측량 공부를 열심히 한 결과 마침내 측량 기사가 되었다.

말 위에 측량 기구를 싣고 넓은 들판이나 산으로 돌아다니며 측량하는 일은, 숲속의 통나무집에서 자라난 링컨에게는 마치 그리운 고향으로 돌아온 기분이었다.

그러나 생활은 조금도 나아지지 않았다. 빚을 갚아 나가느라고 항상 쪼들렸다.

'언제나 빚을 갚고 이 고통에서 헤어날 수 있을까?'

어느 날 하루 종일 측량을 끝내고 집으로 돌아오니, 빚쟁이가 기다리고 있었다. 약속된 날짜에 돈을 못 갚게 되자

결국 집에까지 찾아온 것이다.

"며칠만 더 기다려 주십시오. 꼭 갚아드리겠습니다."

링컨의 사정에도 불구하고 빚쟁이는 측량 도구와 말까지 몽땅 뺏다시피 하여 가져갔다.

그때, 한 친구가 링컨을 찾아왔다가 그가 처한 상황을 보고 말했다.

"여보게! 내가 자네 대신 돈을 갚아 주겠네."

"고맙네, 이 은혜 잊지 않겠네."

그는 친구의 고마움을 뼈저리게 느끼고 평생 그 일을 잊지 않았다.

'세상엔 불행만 있는 것도 아니다. 어떤 일이 있더라도 절망해서는 안 된다.'

링컨은 다시 살아갈 용기를 찾았다.

1834년 다시 일리노이주 의원 선거가 있었다.

"좋은 기회이네, 링컨. 이번에 있을 주 의회 선거에 나가 보게. 지난번에는 실패했지만 이번에는 반드시 당선될 걸세."

지금까지 링컨에게 많은 도움을 주었던 그레이엄 씨는 링컨에게 간곡히 권했다. 또한 친구들도 모두 링컨에게 선거에 나설 것을 적극적으로 말하였다.

 링컨 자신도 후보자로 나설 생각을 하고 있었으므로, 선거에 나가기로 결심했다.

 링컨은 돈도 없고 힘없는 사람들이 무엇을 바라고 있는지 잘 알고 있었다.

 선거에 출마했다고는 하나 가난에 쪼들리던 링컨이 할 수 있는 것이라곤 아무것도 없었다. 다만 사람들에게 자기 생각을 호소하는 것뿐이었다.

 링컨은 마을에서 도시로, 도시에서 마을로 열심히 유세하며 다녔다.

 "……저는 반드시 훌륭한 정치가가 되어 사람이 사람답게 살 수 있는 살기 좋은 세상을 만들겠습니다."

 링컨이 연설을 하고 있는데 한 농사꾼이 외쳤다.

 "흥, 애송이가 무엇을 안단 말인가? 말뿐이지, 밀 한 포기도 제대로 베지 못할걸."

"맞아요. 집어치우시오. 의원이 우리와 무슨 상관이야!"

이 말을 들은 링컨은 조용히 그들 앞으로 다가갔다.

"그럼 여러분, 그 낫을 잠깐 빌려주십시오."

낫을 받아 든 링컨은 밀을 베기 시작했다. 한 이랑, 두 이랑…… 눈 깜짝할 사이에 한 뙈기를 다 베었다.

"어, 솜씨가 좋은데, 우리 모두 링컨에게 표를 던집시다!"

링컨의 인기는 날로 높아져 갔다.

이리하여 링컨은 여러 사람들의 지지를 얻어 마침내 주 의원에 당선되었다.

"멋지게 해냈구나! 링컨."

"축하하네, 링컨."

"자네는 이제부터 우리 일리노이주의 의원님이야, 링컨 의원님."

모든 사람들이 링컨을 찾아와 축하해 주었다.

링컨은 꿈을 꾸고 있는 것만 같았다. 가난한 농부의 아들로 태어나 온갖 고생을 하며 살아온 그로서는 주 의회 의원이 되었다는 것이 믿어지지 않았다.

"감사합니다. 저를 믿고 지지해 주신 여러분께 감사한 마음을 어떻게 표현해야 할지 모르겠습니다."

링컨은 축하해 주는 사람들의 손을 잡으며 눈물을 흘렸다.

11월의 어느 맑게 갠 날 아침, 새로 지은 양복에 새 모자를 쓴 링컨 의원은, 처음으로 일리노이주 의회에 나가기 위해 마차에 올랐다.

"링컨 의원님 만세!"

"우리가 잘 살 수 있도록 힘써 주십시오."

많은 사람들이 몰려와 링컨의 새출발을 축하해 주었다.

"여러분의 기대에 어긋남이 없도록 힘써 일하겠습니다. 우리 모두에게 하느님이 함께하실 것입니다."

링컨은 그들과 일일이 악수를 한 후 마차에 올라탔다.

링컨은 스프링필드에서 다른 마차로 갈아탔다. 그곳에서 같은 일리노이주 의원으로 당선된 스튜어트와 함께 가게 되었기 때문이다.

스튜어트는 변호사로 링컨과 잘 아는 사이였다. 이번 선거에서도 링컨이 당선되도록 여러모로 도와 주었다.

두 사람을 태운 마차는 이틀이나 걸려, 일리노이주의 수도인 밴델리아에 도착했다.

스튜어트는 전에 의원을 지냈었기 때문에 의원 중에 아는 사람이 많아, 링컨을 데리고 다니며 여러 사람에게 소개했다.

"이번에 새로 의원으로 뽑힌 에이브러햄 링컨입니다. 앞으로 잘 부탁드립니다."

"반갑습니다."

서로 인사를 나누고 나서 사람들은 링컨에게 물었다.

"실례지만, 어떤 직업을 가지고 계셨습니까, 링컨 씨?"

"너무 많은 직업을 가졌었기 때문에 한 마디로 대답할 수 없군요. 농사도 짓고, 사공일도 하고, 점원, 우체국장, 측량기사 등 뭐, 이 정도입니다."

그의 말에 사람들은 모두 큰 소리로 웃었다. 링컨을 업신여겨서가 아니라 그의 솔직한 대답이 좋게 느껴졌기 때문이다.

링컨에게 있어서 의회에서의 모든 일은 새롭고 보람찬

것이었다.

링컨으로서는 이번 의회 기간에 한 가지 결심한 것이 있었다. 법률을 공부하여 꼭 변호사가 되리라는 결심이었다. 스튜어트도 링컨에게 변호사가 되라고 하며 여러모로 도움을 주었다.

"훌륭한 정치가가 되려면 법률을 알아야 하네. 열심히 공부해서 반드시 변호사가 되게. 링컨."

링컨은 그의 말이 옳다고 생각했다.

'법률을 공부하여 변호사가 되자. 그래서 죄 없는 사람이 억울한 일을 당할 때에 그들을 구해 주는 일에 발 벗고 나서자.'

링컨은 결심했던 대로 법률 공부를 시작했다. 그는 의원이 되었어도 생활은 여전히 어려웠다. 그래서 우체국장 일을 하면서 틈틈이 법률 공부를 했다.

1836년, 마침내 링컨은 변호사 시험에 합격했다. 그의 나이 스물일곱 살이었다.

변호사가 된 링컨은 뉴세일럼 마을에서 스프링필드로 옮

19세기 빠른 변화와 발전을 이룬 미국 뉴욕시의 거리풍경

겨 살게 되었다. 그곳에서 곧 스튜어트와 함께 변호사 일을 시작했다.

　변호사가 된 링컨은 무엇보다도 먼저 가난한 사람들을 위해서 일했다. 그러나 자기가 옳다는 신념이 서지 않는 일은 절대로 맡지 않았다. 이리하여 10여 년 동안에 변호사 링컨의 이름은 일리노이주에 널리 알려졌다.

　링컨은 변호사 일을 보면서 주 의회 의원을 8년 동안 계속했다. 그동안에 링컨은 메리 토드라는 아가씨와 결혼하여 두 아들을 두고 있었다.

역사 속으로

미시시피강

미국 중부 지방을 흐르는 미국 최대의 강이다. 강의 길이는 6,210킬로미터(상류의 미주리강 포함)나 되어 나일강, 아마존강에 이어 세계 제3위이다. 하류인 세인트루이스에서 강의 너비는 1.4킬로미터이며 뉴올리언스에서는 0.6킬로미터이다.

미시시피강이 흐르는 곳은 미 대륙에서도 31개 주에 걸쳐 있을 뿐만 아니라 캐나다의 서스캐처원, 앨버타주에까지 포함된다.

강의 원류는 캐나다와의 국경 지대인 미네소타 주의 이스타카 호에서 시작하며, 멕시코 만의 바다로 흘러든다. 큰 강답게 중간중간에 합류하는 지류가 많은데, 미주리강 외에도 이 강에 합류하는 매디슨강, 갤러틴강이 있고, 하류에서는 오하이오강이 있다.

미시시피강이 미국의 농업, 상공업, 목축업에 미치는 영향은 매우 크다. 미 대륙 땅의 3분의 1에 이르는 유역에 물을 공급하

고 있을 뿐만 아니라 예전에는 뱃길로서 중요한 교통수단 역할을 함으로써 지역 경제 발전에 기여하였다.

18세기 초 이후 증기선을 비롯하여 크고 작은 배들이 이 강을 통해 상류와 하류까지 오르내리면서 강 주변에 있는 멤피스, 세인트루이스, 미니애폴리스, 신시내티, 피츠버그, 뉴올리언스 등 많은 상공업 도시들이 경제 발전의 터를 닦게 되었다.

아메리카 인디언

1492년 콜럼버스가 신대륙을 발견할 당시 살던 원주민들을 말하며, 캐나다 북쪽 연안이나 그린란드에 살던 에스키모 등은 포함되지 않는다. 콜럼버스는 인도를 목표로 유럽의 에스파냐 항구를 출발했는데, 두 달여 만에 현재의 플로리다 인근의 섬인 바하마 제도를 발견한 데 이어 쿠바와 히스파니올라(아이티)섬을 차례로 발견하였다.

그는 이 섬들을 인도 땅으로 착각하여 원주민을 인디오(에스

파냐어로 인도인이라는 뜻)라고 불렀다. 그 뒤 아시아에 있는 본래의 인도 사람과 구별하기 위해 '아메리카의 인도인'이라는 뜻으로 아메리카 인디언이라고 부르게 되었다. 발견 당시에 북아메리카에는 대략 1,300만~1,500만 명의 원주민이 살고 있었던 것으로 알려져 있다. 반면에 현재 미국의 인디언 수는 약 25만 명이라고 한다.

따라서 콜럼버스 이후 신대륙으로 밀어닥친 유럽인의 아메리카 정복은 문화의 파괴와 함께 엄청난 인구 감소를 초래한 것이다.

여기에는 환경이나 질병 등의 요인도 있겠지만 저항하는 인디언에 대한 계획적인 학살이나 강제 이주 등을 포함한 서부 개척 시기의 정책이 있다.

분열된 국회

　링컨은 수많은 사건을 잘 해결하여 변호사로서 이름을 떨쳤다. 그러는 한편, 그는 정치가로서의 활동도 계속했다.
　1846년 서른일곱 살 때, 링컨은 일리노이주에서 하원 의원으로 선출되었다. 드디어 워싱턴에 진출하여 세상을 움직일 기회가 찾아온 것이다.
　"여보, 마침내 워싱턴으로 가게 되었군요."
　아내 메리는 뛸듯이 기뻐하며 말했다.
　이 무렵, 미국은 노예 문제를 둘러싸고 남과 북의 다툼이

한층 더 커져서, 곧 무슨 일이라도 벌어질 것 같은 상태였다.

그때의 미국은 30개 주가 있었는데, 그중 15개 주는 노예 제도에 찬성하는 반면, 15개 주는 노예 제도에 반대하고 있었다.

그 힘은 비등했다. 이런 속에서 미국은 멕시코와 전쟁을 해서 텍사스를 또 하나의 주로 보탰다.

이 텍사스를 어느 편으로 삼을 것이냐를 놓고 남과 북의 다툼은 다시 심해졌다.

링컨은 처음 국회로 나가면서, 어떻게 해서든지 노예 제도를 없애기 위한 일을 해야겠다 마음먹었다. 뉴올리언스에서 보았던 흑인 노예들의 모습이 마음속 깊이 새겨져 있었다. 그러나 국회는 링컨의 생각과 같이 움직여 주지 않았다.

"이런 부패한 사람들과 무슨 일을 할 수 있단 말인가?"

링컨은 두 번 다시 국회 의원이 되지 않으리라고 마음을 먹었다. 정치는 잊어버리고 변호사 일에만 매달렸다.

이 마을 저 마을로 돌아다니며 가난한 사람, 고통을 받고

링컨이 변호사 일을 하며 생활했던 스프링필드의 집

있는 사람, 억울한 사람들을 위하여 그들을 변호하며 열심히 일하였다.

때로는 3개월 동안이나 떠돌이 생활을 하기도 했다. 숲과 들을 지나 널리 펼쳐진 보리밭 사이를 거닐면서, 링컨은 어린 시절을 되새기곤 하였다.

시골의 맑은 공기는 링컨의 마음을 평화롭게 해 주었다.

어느덧 6년이라는 세월이 흘러 링컨의 나이 마흔을 넘어 중반에 들어서고 있었다. 얼핏 보기에 링컨은 변호사 일이 몸에 배어, 그 생활에 만족하고 있는 듯이 보였다. 그러나 마음속에는 지울 수 없는 문제가 남아 있었다. 그것은 노예 문제였다.

'그렇다. 나는 이제 생각만 하고 있어서는 안 된다. 어떻게든지 흑인 노예들을 구해 내자!'

링컨은 결심을 굳히고, 마침내 미국 상원 의원 선거에 입후보하기로 하였다. 그리하여 스프링필드에서 공화당의 후보가 된 링컨은 반대파인 민주당의 더글러스와 노예 문제를 놓고 논쟁을 벌였다.

"나는 노예 제도를 반드시 없애야 한다고 생각합니다."

링컨은 어디를 가나 이렇게 주장하며, 노예 제도를 왜 없애야 하는가에 대해서 열심히 설명하였다.

"우리나라는 지금 노예 제도로 인해 둘로 갈라지고 말았습니다. 어떻게 해서든지, 우리나라가 하나가 되어 평화롭게 살아갈 수 있도록 해야 합니다. 그러기 위해서는 흑인도 백인과 똑같은 인간으로서 하느님으로부터 창조되었다는 사실을 깨달아야 합니다."

많은 사람들이 링컨의 말에 열심히 귀를 기울였다.

그러나 링컨은 상원 의원 선거에서 반대파인 더글러스에

게 지고 말았다. 그렇지만 링컨은 실망하지 않았다. 오히려 많은 사람들에게 노예 제도의 잘못을 알린 것에 대해 만족해했다.

1858년, 링컨은 또다시 상원 의원 선거에 나서기로 했다.

이번에도 링컨과 더글러스의 맞대결이 이루어졌다.

링컨은 공화당 후보로, 임기가 끝난 더글러스는 민주당 후보로 다시 입후보해서 서로 자기의 생각을 알렸다. 링컨과 더글러스는 이번에도 흑인 노예 제도에 대해 논쟁을 벌였다. 사람들은 링컨을 지지하는 파와 더글러스를 지지하는 파로 갈라졌다. 두 사람의 선거전은 치열해졌다. 누가 이길 것인지 아무도 예측할 수가 없었다.

그런데 선거 결과, 또다시 링컨은 아주 근소한 표차로 더글러스에게 지고 말았다. 그러나 이 선거를 통하여 링컨의 정의로운 뜻이 방방곡곡에 전해졌다.

선거에서 패배한 링컨은 다시 변호사 사무실에서 일했다.

링컨은 여기저기에서 초청을 받아 연설을 했지만, 될 수 있는 대로 정치적인 연설은 피했다.

사람들은 링컨을 다음 번 대통령 후보로 굳게 믿었지만, 링컨 자신은 대통령과 같은 높은 직위는 꿈꾸지도 않았다.

어느 날, 링컨은 길거리에서 제임스 페일이라는 사람을 만났다. 그는 많은 땅을 가지고 있는 지주이자, 정치가로 이름이 알려진 사람이었다.

"지금 동부에서는 당신 칭찬이 대단하더군요. 더글러스와의 논쟁으로 당신은 아주 유명해졌어요. 내년 대통령 선거에서 공화당은 당신을 후보로 내세울 겁니다."

이 뜻밖의 말에 링컨은 깜짝 놀랐다.

"뭐, 뭐라고요? 제가 대통령 후보가 된다고요?"

"네, 그래요. 대통령 후보가 될 사람은 국민이 진심으로 지지하는 사람이어야 합니다."

1860년, 그는 공화당 대통령 후보로 지명되었다. 그 상대는 먼저 상원 의원 선거에서 맞붙었던 민주당의 더글러스였다.

선전 포스터가 나붙고 다시 치열한 선거전이 벌어졌다.

그런 어느 날, 링컨은 한 소녀로부터 편지를 받았다.

링컨 아저씨!

저는 11세의 소녀입니다. 저는 아저씨께서 대통령에 당선되도록 매일 하느님께 기도를 올리고 있습니다.

그런데 아저씨, 포스터에 나와 있는 얼굴이 여위어 쓸쓸해 보입니다. 아저씨의 얼굴에 구레나룻을 기르신다면 더 멋지고 대통령답게 보일 것 같아요.

링컨은 곧 이 편지에 대한 답장을 썼다.

고마워요, 나의 어린 친구.

어린 친구는 나에게 아주 좋은 말을 해 주었어요. 당장 구레나룻을 길러 보도록 하겠어요. 거듭 고맙다는 말을 전합니다.

그 뒤부터 링컨은 소녀의 충고대로 구레나룻을 길렀다.

1860년, 대통령 선거에서 마침내 링컨은 더글러스를 누르고 제16대 대통령으로 당선되었다.

"링컨 대통령 만세!"

돌이켜 보면, 링컨은 벌목꾼으로 시작해서 한 푼의 저축도, 한 사람의 후원자도 없이 고된 생활을 해 왔다. 더구나 교육이라고는 일 년도 채 받지 않은 링컨이 정직과 성실, 한없는 노력 끝에, 미국 사람으로서 도달할 수 있는 최고의 자리인 대통령에 오른 것이다.

그러나 모든 국민들이 그를 지지한 것은 아니었다.

대통령에 당선되자마자, 링컨에게는 어려운 일이 한꺼번에 닥쳤다. 남부에 속해 있는 주들이 즉시 링컨에게 대항하여 독립을 선언했던 것이다.

미국은 마침내 남과 북으로 갈라져 서로 싸우게 될 형편이었다. 링컨은 몹시 안타까웠다.

'전쟁을 해서는 안 된다. 싸우지 않고 나라를 통일할 방법을 찾자. 그리고 노예들에게도 자유를 주어야 한다.'

링컨은 이것만을 생각했다. 그러나 남부 사람들은 링컨을 이해하지 못했다.

"끝까지 노예들의 편을 든다면 살려 두지 않겠다."

이러한 협박이 날아들었다. 링컨을 암살하려는 사람이 있다는 소문도 나돌았다.

그러나 링컨은 온갖 협박과 위험에도 굴하지 않았다. 미국을 자유와 평화의 통일된 나라로 만들고, 노예들을 해방하겠다는 그의 굳은 신념은 조금도 흔들리지 않았다.

1861년 2월 11일, 링컨은 스프링필드를 떠나 워싱턴으로 출발했다.

링컨은 모여든 사람들에게 다음과 같이 말했다.

"이곳을 떠나는 것이 제게 얼마나 슬픈 일인지 그 누구도 알지 못할 것입니다. 제 임무는 조지 워싱턴의 임무보다 더 어려울 것입니다. 워싱턴 대통령은 언제나 신의 보살핌에 의존했습니다. 만약 신의 보살핌이 없었다면 성공하지 못했을 것입니다. 저 또한 워싱턴 대통령을 보호한 신의 보살핌 없이는 성공할 수 없다는 것을 잘 압니다. 스프링필드 친구들이여, 제가 신의 보살핌을 받도록 기도하여 주십시오."

1861년 3월 4일, 링컨은 대통령으로 취임하였다. 링컨은

대통령으로서의 취임 연설을 이렇게 시작했다.

"친애하는 미국 국민 여러분! 저는 오늘 여러분의 도움을 받아 미국 대통령의 무거운 책임을 맡게 된 것을 매우 영광으로 생각합니다. 오늘의 미국은 노예 제도라는 불행한 문제로 비극을 눈앞에 두고 있습니다."

링컨의 우렁찬 목소리는 멀리 울려 퍼졌다.

"이제부터 미국은 하나로 단결해야 합니다. 우리는 서로 적이 아니라 친구입니다."

링컨 대통령의 취임 연설이 끝나고, 그날부터 링컨 가족은 백악관에서의 새 생활을 시작했다. 대통령이 된 뒤에도 링컨의 생활은 시골 변호사 시절과 조금도 변함이 없었다.

링컨은 시내에 나가서 물건을 사기도 하고 사람들과 편안하게 이야기를 나누기도 했다.

역사 속으로

미국의 정치 제도

미국은 50개의 주로 이루어진 연방 공화국으로, 입법, 사법, 행정의 3권 분립주의를 채택하고 있다.

미국의 대통령은 우리나라와 마찬가지로 국가 원수이며, 행정부의 최고 책임자로서 군의 최고 사령관을 겸한다. 대통령의 임기는 4년이며, 한 번에 한해 재선을 할 수 있고 3선은 금지된다. 선거는 각 주마다 국민이 상·하 두 의원 수와 같은 수의 선거인단을 선출하여, 이 선거인단이 대통령을 선출하는 간접 선거제를 택하고 있다.

의회는 상원과 하원으로 구성되는 양원제로 되어 있다. 상원 의원은 정원이 100명이고, 각 주에서 2명씩 선출하는데 임기는 6년이다. 하원 의원은 정원이 435명이고, 각 주에서 인구 비례로 선출하며, 2년마다 전원을 다시 뽑는다.

상·하 양원은 상하 관계는 아니다. 법안의 제출과 의결은 의원만이 할 수 있다. 일반적으로 입법은 상·하원에서 의원 수에

따라 각각의 과반수 찬성에 의해 의결된다. 양원에서 통과된 법안은 대통령의 서명이 있어야 법률로서 성립되며, 대통령은 법안에 대하여 거부권을 행사할 수 있다.

각 주 정부는 외교나 국방 등을 제외하면 매우 자율적인 권한이 부여된다. 연방 정부와는 독립된 헌법을 가지고 행정, 입법, 사법의 기관을 구성한다.

남북 전쟁

1861년부터 1865년까지 4년 남짓 되는 기간, 미국 남북 양 지역 사이에 벌어진 전쟁. 일반적으로는 노예 제도의 존폐가 주된 원인인 것으로 알려져 있는데, 한편에서는 경제적인 이유도 숨어 있었다.

에이브러햄 링컨이 16대 대통령이 된 1960년대에는 노예 문제로 국론이 분열되어 있었다. 문제가 심각해지자 노예제의 존속을 주장하던 남부의 8개 주가 연방에서 탈퇴를 선언하고 독립

을 선포하기에 이르렀다.

　남군의 선제공격으로 시작된 전쟁은 처음에는 리 장군이 지휘한 남군이 우세했지만, 리치몬드 전쟁과 게티즈버그 전쟁에서 북군이 승리하면서 막을 내렸다. 그리하여 60여만 명이라는 사상자가 발생한 결과로 노예 제도는 사라지게 되었다.

　당시 남북 간의 소득과 경제 여건의 차이가 벌어지고, 대통령마저 북부 출신인 링컨이 당선되자 남부의 여러 주가 연방에서 탈퇴할 것을 결정하게 되었다. 당시 남부는 노예를 필요로 하는 목화 경작을 비롯한 농업이 중심이었던 반면, 북부는 산업과 금융이 중심 산업이었다.

　이런 가운데 남부와 북부는 자신들 지역의 산업을 보호하기 위해 관세 부과를 놓고 갈등과 대립이 계속되었다. 그리고 링컨 대통령이 북부의 상공업을 보호하기 위해 높은 수입 관세를 부과하자, 자유 무역을 지지할 수 밖에 없는 농업 지역인 남부에선 전쟁을 해서라도 노예 제도와 농업을 지켜야 했던 것이다.

남북 전쟁

"여러분, 미국은 여러 주가 모여서 이룩된 나라입니다. 그런데 그중의 몇 주가 마음대로 이 나라에서 빠져나갈 수는 없는 것입니다. 북부의 주와 남부의 주가 서로 손을 잡고 모두 사이좋게 이 나라를 이끌어 나가야 되지 않겠습니까?"

링컨 대통령의 이와 같은 호소에도 불구하고 남부 사람들은 이젠 아예 링컨의 이야기에는 귀를 기울이려고 하지 않았다.

그들은 나름대로 남부 연합국이라는 정부를 만들어 그들의 의견을 따르는 데이비스라는 사람을 대통령으로 내세우고, 수도를 따로 리치먼드로 정했다. 그리고 싸울 준비를 서둘렀다. 마침내 링컨이 대통령에 취임한 지 40일 만에 전쟁은 터지고 말았다.

싸움은 사우스캐롤라이나주 찰스턴 항구의 섬터 요새에서 남군의 공격으로 시작되었다.

링컨은 이렇게 된 이상 남부와의 전쟁에서 이겨 미국을 다시 하나로 만들 수밖에 없다고 생각했다.

'아아, 이렇게 비참한 전쟁을 시작해야 한다니……'

링컨의 마음은 슬픔과 근심으로 가득 차 있었다. 처음에는 남부와의 싸움에서 언제나 북군이 패했다. 그것은 북군에는 전쟁을 지휘하는 훌륭한 장군이 없었다.

전쟁이 터졌을 때, 북쪽 사람이나 남쪽 사람들은 다 같이 이 싸움이 3개월 정도면 끝나리라고 생각했다. 그런데 시작하고 보니 그렇게 간단한 싸움이 아니었다. 전쟁을 오래 끌게 되자, 불평불만이 터지기 시작했다.

"북군의 지원병이나 무기는 어디 있는가?"

링컨의 책임이라는 소리도 들렸다.

정부 안에서조차 의견이 통일되지 않아 링컨을 괴롭혔다.

그런 속에서도 링컨은 거의 쉴 틈도 없이 대통령으로서의 직무를 수행해 나갔다.

좁힐 수 없는 남부와 북부의 생활 방식의 차이는 동족을 죽이는 전쟁이라는 무서운 재앙을 불러일으켰던 것이다.

'우리의 친구들, 아니 아버지와 아들, 형제들을 죽여야만 하다니…….'

링컨은 피로와 걱정 때문에 갑자기 더 늙어 버린 것 같았다.

'그러나 같은 인간으로 태어나 한 나라에 살면서 짐승 대접을 받는다는 것은 있을 수 없다. 이것을 없애지 않고는 우리 미국이 제대로 세워질 수 없다.'

노예를 해방해야겠다는 링컨의 결심은 바위처럼 흔들리지 않았다.

한편 싸움이 시작된 지 2년이 흘렀으나 북군은 곳곳에서 패전을 거듭하고 있었다.

남군의 총사령관인 리 장군은 작전을 잘 세우는 유능한 사람인 데 비해서 북군의 사령관은 겁이 많은 사람이어서 몇 명이나 사령관을 바꿔야 했다.

1862년 9월 10일, 메릴랜드주의 안티텀의 싸움에서 북군이 처음으로 남군에게 이겼다. 링컨은 이 기회를 이용해서 '노예 해방 선언'을 했다.

1863년 1월 1일 이후 모든 노예는 영원히 자유의 몸이다. 우리는 모든 사람들을 자유롭고 평등하게 하기 위해 미국을 하나로 통일시키려 한다.

다음 날 전국의 모든 신문은 이 역사적인 '노예 해방 선언'을 크게 실었다. 북부의 여러 주나 유럽에서는 많은 사람들이 이 선언을 환영하였다.

흑인들은 쇠사슬에서 풀려난 기쁨으로 거리로 뛰쳐나와 만세를 불렀다. 그러나 남부 군대는 계속 저항하였다.

전쟁은 끝나지 않고 곳곳에서 치열한 전투가 벌어졌다.

이때, 남군의 리 장군이 7만 5천 명이라는 대군을 이끌고 총공격을 해 오자 이에 북군에서도 9만 명에 가까운 대군을 이끌고 나가 남군을 막기로 했다.

링컨 대통령은 마음이 초조했다. 그는 그랜트 장군을 북군 사령관으로 임명하고 게티즈버그에서 결전을 벌이도록 했다.

이 싸움은 사흘 동안이나 계속되었다.

그토록 용감한 남부의 리 장군도 마침내 북군에게 크게 패하고 후퇴를 거듭했다. 그러나 게티즈버그 전투에서 수많은 병사가 목숨을 잃었다.

북부 사람들은 이 전투에서 쓰러진 병사들을 위해 묘지를 만들기로 했다.

1863년 11월 19일, 게티즈버그의 피비린내 나는 전쟁터에는 전사자들의 유족들을 비롯하여 북부의 여러 주에서 모여든 사람들로 온 들판이 가득 찼다.

링컨 대통령도 정부의 장관, 국회 의원들과 함께 참석하였다. 그곳에서 링컨은 짤막한 연설을 했다.

지금으로부터 87년 전, 우리 조상들은 자유의 품속에서 살기 위해 이 대륙에 새로운 국가를 세웠습니다. 그리고 모든 인류는 평등하게 태어났다는 진리를 실현하였습니다.

지금 우리들은 그 나라가 오래 갈 것인지를 시험하는 큰 전쟁을 치르고 있습니다. 우리가 이곳에 온 것은, 이 나라가 영원하기를 바라면서 이 땅에서 생명을 바친 사람들에게 그 마지막 쉴 곳을 마련해 주기 위해서입니다.

어쩌면 세계는 우리가 하고 있는 일에 대해 전혀 주의를 기울이지 않고 영원히 기억하지 못할는지도 모릅니다. 그러나 이곳에 누워 있는 병사들이 이룩한 공적은 결코 잊혀지지 않을 것입니다. 이제 살아남은 우리가 하지 않으면 안 되는 일이 있습니다.

그것은 인간은 평등하다는 신념을 지키기 위하여 자기 몸을 바친 용사로부터 배우는 일, 쓰러진 용사의 죽음을 절대로 헛되이 하지 않는 일, 그리고 이 나라가 하느님의 보호 아래 다시 한번 자유로운 나라로 새출발하여 국민의, 국민에 의한, 국민을 위한 정치를 이 땅 위에 정착시키는 일입니다.

이 연설은 비록 몇 분 만에 끝난 짤막한 내용이었지만, 많은 사람들에게 큰 감명을 주었다.

이 연설 중의 '국민의, 국민에 의한, 국민을 위한 정치'라는 짧은 구절은 민주주의 기본 이념을 잘 나타낸 말로, 지금도 많은 사람들이 인용하고 있다. 그뿐만 아니라 이 게티즈버그 연설은 링컨의 이념과 사상을 뚜렷하게 나타낸 것으로 높이 평가받고 있다.

그 무렵, 전쟁은 북군에게 유리해졌다. 한때는 워싱턴 가까이 진격해 왔던 리 장군도 서서히 후퇴하기 시작했다.

이 게티즈버그의 전투에서 승리한 북군은 차차 그 전세를 되찾아 가고 있었다.

그랜트 장군의 지혜와 셔먼 장군의 용기는 북군을 승리로 이끄는 데에 큰 힘이 되었다.

그러나 계속되는 전투로 수많은 병사가 죽거나 다쳐 병원으로 후송되어 왔다.

링컨 대통령은 무릎을 꿇고 하느님께 기도를 드렸다.

"하느님, 저는 이 전쟁을 피하려고 노력하였습니다. 저뿐만이 아니라 많은 사람들이 그렇게 되기를 바랐지만, 결국 전쟁은 터지고야 말았습니다. 이것이 하느님의 뜻이라면 부디 하루라도 빨리 이 전쟁이 끝나게 해 주소서.”

링컨 대통령은 한시도 마음 편할 날이 없었다.

링컨은 바쁜 업무 가운데서도 전쟁터에서 희생된 군인들의 유가족들에게 위로의 편지를 써 보냈다. 그리고 그 유가족들이 생활하는 데에 어려움이 없도록 보살펴 주었다.

링컨은 아무리 바쁘더라도 친절하게 방문객을 맞이하였으며 한 사람 한 사람 만나 그들의 용건을 들었다.

심지어는 화장실 입구나 복도에서 낯선 방문객에게 붙들려도 일일이 상대하곤 했다. 그렇다고 나랏일에 지장을 주는 일은 없었다.

백악관에서 링컨의 생활은 아주 검소한 편이었다. 언제나 간단한 식사를 하였고, 아침 일찍 일어나 일을 처리해 나갔으며, 구두도 손수 닦았다.

일요일에는 꼭 교회에 나가 기도를 올렸다.

또 병원에도 자주 찾아가 상처를 입고 신음하고 있는 부상병들을 위로해 주었다.

"대통령이시다."

깜짝 놀라 일어서려는 부상병들과 악수를 나누며 다정히 물어보았다.

"지금 상처는 좀 어떤가?"

"고맙습니다, 대통령님. 점점 좋아지고 있습니다."

미소를 띠며 고개를 크게 끄덕이는 대통령의 이마에는 깊은 주름이 잡혔다. 부상병들은 이러한 링컨의 괴로움이나 슬픔을 잘 알 수 있었다.

해가 바뀌어 1864년이 되었다.

링컨이 대통령이 된 지 4년째가 되었으므로, 4년마다 치러지는 대통령 선거가 실시되었다.

그리고 링컨은 그해 11월의 선거에서 다시 대통령으로 당선되었다. 미국의 국민들은 링컨을 내세워 전쟁을 승리로 끝내고 싶었던 것이다.

그러나 링컨의 얼굴은 그리 밝지 않았다. 그의 마음은 무겁기만 했다.

"하느님, 이 땅에 하루빨리 평화를 주소서! 그리고 부족한 저에게 힘을 주시어, 인간의 자유와 평화를 위해 일할 수 있도록 해 주십시오."

링컨은 조용히 기도했다.

그로부터 한 달 뒤, 이 해도 저물어 가는 12월이었다.

북군의 그랜트 총사령관이 보낸 셔먼 장군이 이끄는 북군이 계속 승리를 거듭하여 마침내 조지아주의 서배너 시를 점령하였다.

그리고 다음 해 1월 아칸소와 루이지애나 등 6개 주를 차례로 점령하였다는 기쁜 소식이 들려왔다.

링컨 대통령도 오랜만에 얼굴에 밝은 웃음을 띠었다.

그해 4월, 마침내 북군은 남부의 수도이던 리치먼드를 점령하였다.

이제 사실상 전쟁은 끝난 거나 다름없었다. 보고를 받은 링컨은 곧 리치먼드로 달려갔다. 그러나 링컨은 너무나 달라진 리치먼드의 거리 모습에 깜짝 놀랐다.

부서진 건물과 불에 타 버린 나무들, 누더기를 걸치고 거지처럼 살고 있는 사람들, 리치먼드는 아주 비참한 도시로 변해 있었다.

'음, 이럴 수가…….'

링컨은 슬픔에 젖은 표정으로 황폐해진 리치먼드의 거리를 둘러보았다.

잠시 후, 나이 든 흑인이 링컨을 알아보고 소리쳤다.

"오오, 우리 하느님이 오셨습니다."

그는 링컨 곁으로 달려와서, 무릎을 꿇고 링컨의 발에 입을 맞췄다. 그것을 본 다른 흑인들도 무릎을 꿇고 링컨을 향해 두 손을 모았다.

"내 앞에서 무릎을 꿇어서는 안 됩니다. 무릎을 꿇어야 할 곳은 하느님 앞 뿐입니다. 어서 일어나십시오."

링컨은 흑인들을 일으켜 세우려 했다. 그러나 흑인들은 좀처럼 일어나려고 하지 않았다.

"대통령께서는 우리들의 구세주이십니다."

링컨은 흑인들 앞에서 짤막한 인사말을 했다.

"여러분은 이제 자유인입니다. 여러분을 오래도록 괴롭

혀 왔던 쇠사슬은 풀렸습니다. 노예라는 이름이 여러분의 위에 씌워지는 일은 이제 없을 것입니다. 여러분에게 자유를 주신 하느님에게 감사하고, 그 은혜에 보답하는 훌륭한 사람이 되어 주시기 바랍니다."

링컨은 수천 명의 흑인들에 둘러싸여 리치먼드 광장에 들어섰다.

"링컨 대통령 만세! 미국 만세!"

광장에 모인 수많은 사람들이 링컨을 열렬히 환영하였다. 그렇지만 링컨은 환호하는 시민들처럼 마음 놓고 기뻐할 수만은 없었다.

미국이 두 조각으로 갈라지는 것을 막고, 수많은 흑인 노예들을 해방했으나 그 전쟁 때문에 남편과 자식들을 잃은 사람들이 수없이 많았다.

'이제 나는 그들을 위해서 어떻게든 구원의 손길을 보내 주어야 한다. 또한 미국으로 돌아온 남부의 여러 주들도 따뜻하게 맞아 주어야 한다.'

그는 산더미처럼 쌓인 일을 처리하느라 하루도 편히 쉴

수가 없었다.

1865년 4월 9일, 버지니아주의 애퍼매턱스에서 남군의 리 장군은 북군의 그랜트 장군에게 정식으로 항복했다.

'오오, 드디어 끝났구나!'

링컨은 무거운 짐을 내려놓은 듯했다. 4년을 끌어오던 전쟁이 마침내 끝난 것이다.

"전쟁이 끝났다!"

"대통령 만세! 만세!"

남군이 항복했다는 소식을 들은 시민들은 거리로 뛰쳐나와 환호성을 질렀다.

도시마다 축하의 행렬이 거리를 메웠고, 사람들은 서로 손을 잡고 기쁨을 나누었다.

링컨은 전쟁에 패한 남부를 사랑의 마음으로 대했다.

"남부 사람들은 모두 우리의 형제들입니다. 그들은 우리의 적이 아니므로, 서로 용서하는 마음을 갖도록 합시다."

링컨은 만나는 사람마다 이렇게 말했다.

그는 남과 북이 갈라져 피를 흘리는 일이 두 번 다시 없기를 바랐던 것이다.

　전쟁은 끝났으나 아직 완전한 평화가 온 것은 아니었다. 항복은 했지만 남군의 패잔병들이 여기저기 숨어서 저항을 계속했기 때문이다.

　1865년 4월 14일, 워싱턴에 돌아온 링컨은 그날 저녁 가족과 함께 식사를 마치고, 오랜만에 메리 부인과 함께 마차를 타고 워싱턴 교외를 달렸다.

　"메리, 나는 대통령이 된 뒤로는 단 하루도 마음이 편한 날이 없었소. 이제 전쟁의 뒤처리만 마무리되면 스프링필드로 돌아가서 변호사 일이나 하며 남은 생애를 보내고 싶구려. 그것이 지금의 나에게는 가장 좋은 것 같소."

　"그러시는 게 좋겠어요."

　메리는 눈을 지그시 감았다.

　"정말 그래요. 빨리 스프링필드로 돌아가서 조용히 살고 싶어요."

　링컨과 메리 부인을 태운 마차가 해가 지는 어둑어둑한 길을 조용히 달려가고 있었다.

밤에 공연할 연극을 보러 포드 극장으로 가는 길이었다.

8시 반쯤 되어 마차는 극장 앞에 도착했다.

대통령 부부가 특별석에 들어서자, 극장 안의 관중들은 일제히 일어서서 장내가 떠나갈 듯한 박수로 맞이했다. 링컨과 메리는 손을 들어 사람들의 환영에 답하고는 자리에 앉았다.

연극은 곧 시작되었고 제3막에 접어들었을 때였다. 한 10시쯤 되었을 때, 한 사나이가 대통령이 앉은 특별석 뒤에 있는 문을 살며시 밀고 들어섰다. 그 사나이는 한 손에 권총을 다른 한 손에는 칼을 빼 들고 다가서더니, 링컨의 뒷머리를 향해서 방아쇠를 당겼다.

"탕!"

권총 소리와 함께 링컨이 앞으로 고꾸라졌다.

다음 순간, 그 사나이는 곁에 있던 파스몬 시장을 칼로 찌르고 특별석이 있는 2층에서 무대 위로 뛰어내렸다. 그리고 그는 무대 뒤로 쏜살같이 달아났다.

눈 깜짝할 사이에 벌어진 일이었다. 극장 안은 수라장이 되었다.

"빨리, 빨리 대통령을……."

"혹시 의사는 없습니까?"

링컨은 길 건너에 있는 한 집으로 급히 옮겨졌다. 의사들이 급히 달려왔으나 이미 손을 쓸 수 없는 상태였다.

링컨은 메리 부인과 두 아이들이 지켜보고 있는 가운데 숨을 거두고 말았다.

그때가 1865년 4월 15일, 링컨의 나이 쉰여섯 살이었다.

링컨의 어이없는 죽음이 전해지자, 사람들은 처음에는 그 사실을 믿으려 하지 않았다.

온 국민은 울음을 터뜨리며 슬퍼했다.

링컨이 그토록 바라던 미국을 하나로 통일시키고, 노예 해방도 이루었는데, 이 땅에 다시 평화가 찾아온 지 1주일도 안 되어 세상을 떠나고 만 것이다.

대도시에서 산간벽지에 이르기까지 전국 방방곡곡에서, 애도의 종소리는 그칠 줄 모르고 계속 울려 퍼졌다. 전쟁의 종결을 기뻐하던 분위기는 갑자기 슬픔으로 변해 버렸다.

링컨 대통령의 암살자는 후에 한 농가에서 체포되었다. 그는 남부 출신의 부스라는 청년이었다.

부스는 노예 제도 찬성론자로서 북부 사람과 링컨을 미워하여, 남부를 위해서는 링컨을 죽여야 한다고 생각한 끝에 이와 같은 일을 저지른 것이었다.

링컨의 유해는 그가 처음으로 정계에 진출했던 일리노이 주 사람들의 희망에 따라 스프링필드에 안장하기로 하였다.

그해 4월 21일에 워싱턴을 떠난 영구는 5월 3일에 그리운 스프링필드에 도착했다.

스프링필드까지 가는 길가에는 검은 상복을 입은 수많은 사람들의 행렬이 끝없이 이어졌다.

그 당시 많은 교회 설교나 신문 사설에서는 링컨을 구약성서에 나오는 모세와 비유했다. 광야에서의 끝없는 고난의 길을 끝까지 걸어 나와서 이스라엘 백성들을 하느님이 약속한 땅으로 인도한 후 하느님의 부르심을 받았다는 모세의 일생에 링컨을 비유했던 것이다.

링컨은 어렸을 때 어머니에게서, 이웃을 사랑하고 항상 이웃과 함께 있으며 정직해야 한다는 교육을 받았다.

이러한 어머니를 일찍 여읜 링컨의 머릿속에는 어머니의 교훈이 일생 동안 남아 있었던 것이다.

인간의 자유를 전 세계에 보급한 위대한 인물 에이브러햄 링컨. 그는 묘지에 잠들었지만 그가 많은 사람들에게 심어 준 참된 인간의 권리와 자유와 평등의 정신은 우리의 가슴 속에서 영원히 살아 있을 것이다.

링컨의 생애

 링컨은 가난한 개척자의 아들로 태어나 가게 점원, 나룻배 사공, 측량 기사, 변호사 등을 거쳐 미국의 16대 대통령에까지 오른 인물이다.

 그는 당시의 미국 사회에 팽배해 있던 노예 제도를 폐지하며 '모든 인간은 평등하다.'는 정신을 실천적으로 보여 주었다.

 그리하여 비록 짧은 인생을 살다 갔지만 그 위대함은 오래도록 기억되고 있다.

에이브러햄 링컨
(Abraham Lincoln 1809 ~1865)

1809년
2월 12일 켄터키주 개척지의 통나무집에서 태어났다. 이후 가족과 함께 인디애나주를 거쳐 1831년부터 뉴세일럼에서 살았다.

1827년
오하이오강의 나룻배 사공이 되어 일했다.

1831년
부모를 떠나 자립하였다. 이때 뉴올리언스에서 노예 시장을 보고 충격을 받았다. 1832년에 일리노이주의 주 의원에 입후보했으나 낙선하고 우체국장이 되었다.

1834년
스물다섯 살 때 휘그당원으로 일리노이주의 주 의원에 당선되어 8년간 일하였는데 이때 측량 기사를 겸했다.

1836년
독학으로 법률 공부를 하여 변호사가 되었으며, 1842년에는 메리 토드와 결혼하였다.

1856년
노예 제도를 반대하던 공화당에 입당하였다. 1858년에는 일리노이주 연방 상원 의원 선거에서 민주당의 더글러스와 일곱 차례에 걸친 공개 토론을 펼쳐 전국적인 인물로 부상했다. 그러나 선거에서는 낙선하였다.

1860년
공화당의 대통령 후보로 추대되어 북부 민주당의 더글러스와 민주당의 브레킨리지, 헌법 연방당의 벨을 물리치고 당선되었다.

1861년
미국의 제16대 대통령으로 취임하고 곧이어 4월에 남북 전쟁이 일어났다. 이듬해인 1862년 사령관의 권한으로 1863년 1월 1일을 기해 전 노예를 해방한다는 '노예 해방 선언'을 공포하였다.

1863년
11월 19일 게티즈버그에서 '국민의, 국민에 의한, 국민을 위한 정치는 영원히 지상에서 사라지지 않을 것'이라는 유명한 연설을 남겼다.

1864년
정치적 수완을 발휘하고 군사적 활동에 힘입어 대통령에 재선되었다. 또 남북 전쟁의 책임을 남북 양쪽 모두에 있다고 지적하며 박애와 관심을 가지고 연방을 발전시키자는 국민 설득을 하였다.

1865년
4월 14일 워싱턴의 포드 극장에서 연극 관람 중 열광적인 남부파 배우인 부스에게 저격당하여 세상을 떠났다.